KB244104

똑똑한 하루
빅터
연산

**Chunjae
Makes
Chunjae**

▼

기획총괄	박금옥
편집개발	지유경, 정소현, 조선영, 최윤석, 김장미, 유혜지, 남솔, 정하영
디자인총괄	김희정
표지디자인	윤순미, 심지현
내지디자인	이은정, 김정우, 퓨리티
제작	황성진, 조규영

발행일	2023년 10월 1일 초판 2023년 10월 1일 1쇄
발행인	(주)천재교육
주소	서울시 금천구 가산로9길 54
신고번호	제2001-000018호
고객센터	1577-0902

초등 1 수준

지루하고 힘든 연산은 OUT!
쉽고 재미있는 **빅터연산으로 연산홀릭**

1·A
초등 1 수준

빅터 연산 단/계/별 학습 내용

구성과 특징

1단계 A권

흥미

만화로 흥미 UP

학습할 내용을 만화로 먼저 보면 흥미와 관심을 높일 수 있습니다.

개념 & 원리

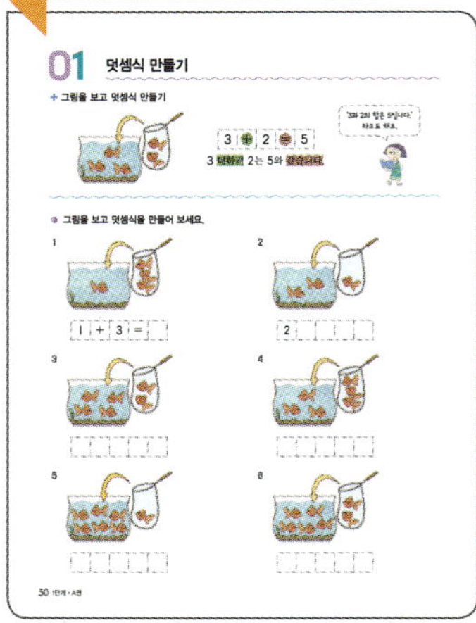

개념 & 원리 탄탄

연산의 원리를 쉽고 재미있게 확실히 이해하도록 하였습니다.
원리 이해를 돕는 문제로 연산의 기본을 다집니다.

정확성

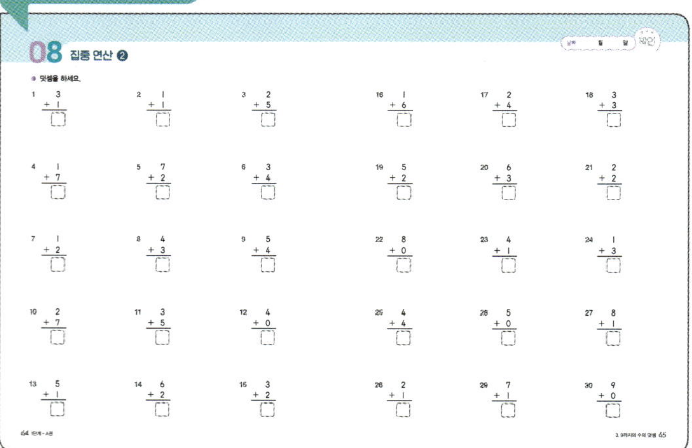

집중 연산

집중 연산을 통해 연산을 더 빠르고 더 정확하게 해결할 수 있게 됩니다.

다양한 유형

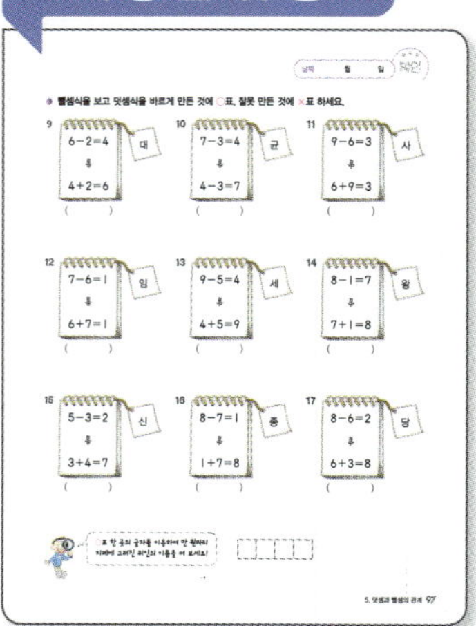

다양한 유형으로 흥미 UP

수수께끼, 연상퀴즈 등 다양한 형태의 문제로 게임보다 더 쉽고 재미있게 연산을 학습하면서 실력을 쌓을 수 있습니다.

Contents

차례

1 9까지의 수

여러분! 안녕? 난 에릭왕자예요!
저는 얀입니다. 반가워요~!
우리는 눈꽃나라의 안네공주를 만나기 위해 9개의 나라를 지나서 왔어요.
헉! 매일 놀 생각뿐이던데 9까지 수도 셀 수 있군요.
8
9
3
6
2
4
7
1
5
헥
헥
안네공주를 만나서 함께 눈싸움을 하면서 신나게 놀아야지.
응?
쨍
쨍
근데 왜 이리 더운 거냐?
그러니까 말이에요…
헥
헥
헥
공주님! 너무 더워요!
여기 눈꽃나라 아니었어요?
부르
쿡

연산력 게임

스마트폰을 이용하여 QR을 찍으면 재미있는 연산 게임을 할 수 있습니다.

01 수 세기

● 수를 세어 ○를 그려 보세요.

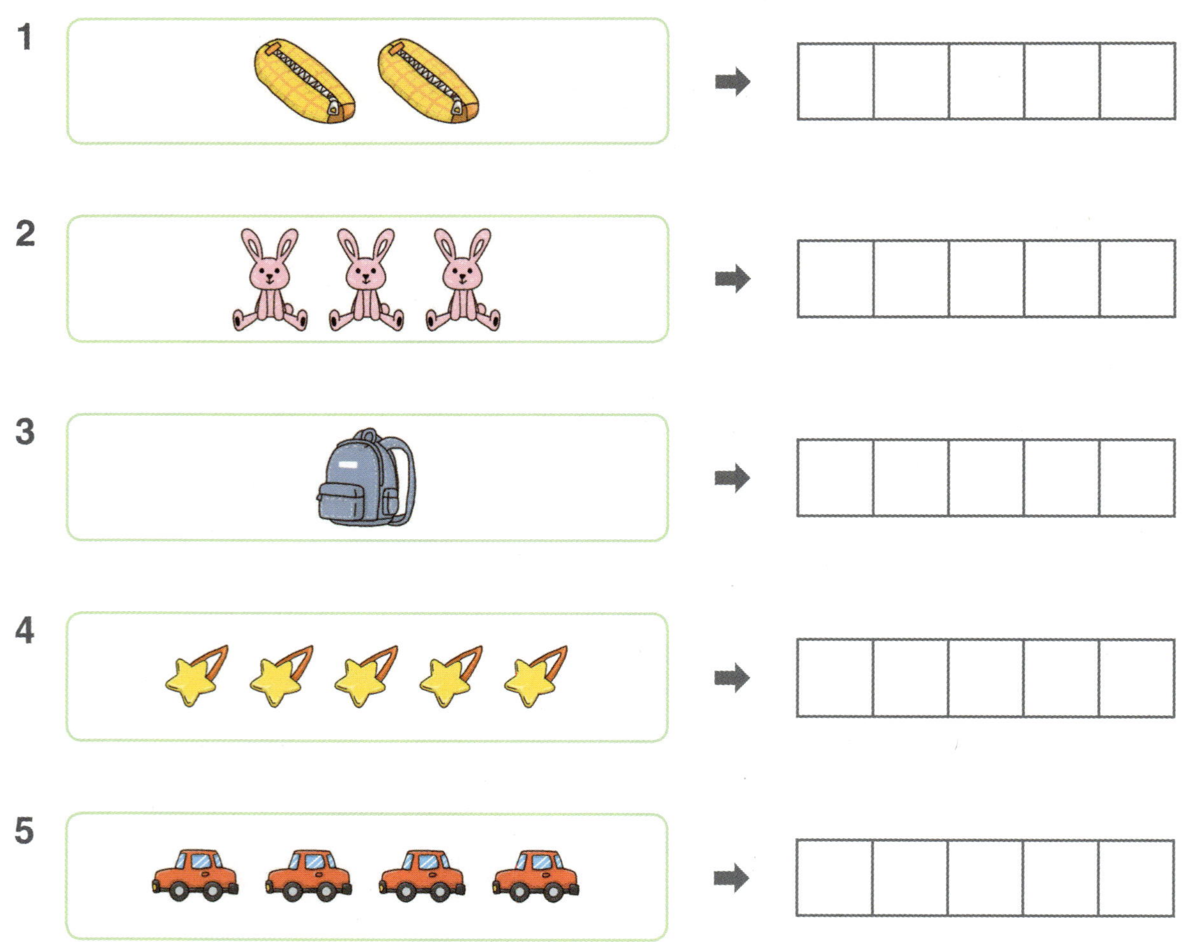

● 수를 세어 ◯를 그려 보세요.

	6						

6 | | | | | |

7 | | | | | |

8 | | | | | |

9 | | | | | |

10 | | | | | |

11 | | | | | |

02 0, 1, 2, 3, 4, 5 알아보기

✚ **5까지의 수 읽고 쓰기**

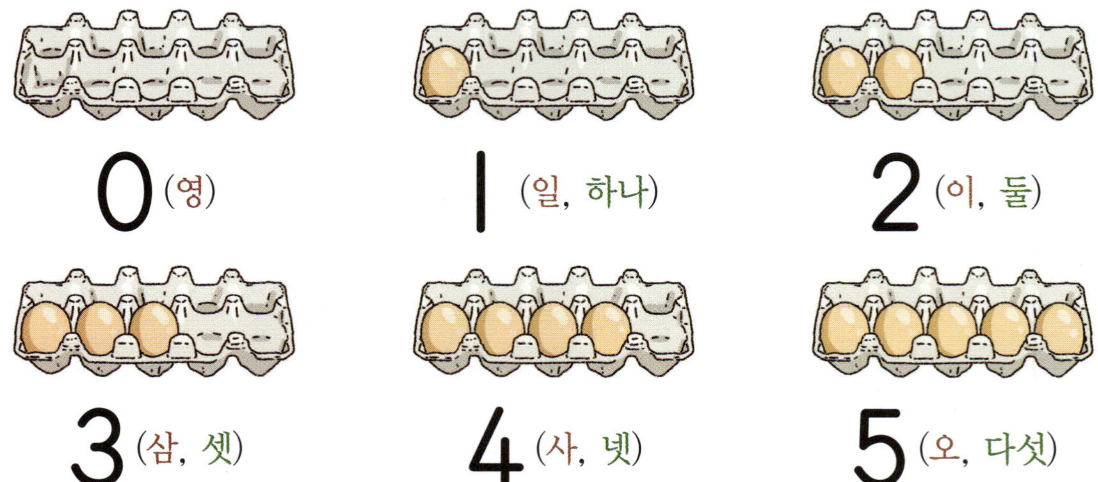

0 (영)

1 (일, 하나)

2 (이, 둘)

3 (삼, 셋)

4 (사, 넷)

5 (오, 다섯)

● **수를 세어 □ 안에 알맞은 수를 써넣으세요.**

1   2 → 초의 수

2   4 → 바둑돌의 수

3   1 → 빵의 수

● ☐ , ⬭ , ⬤ 모양을 세어 보세요.

4

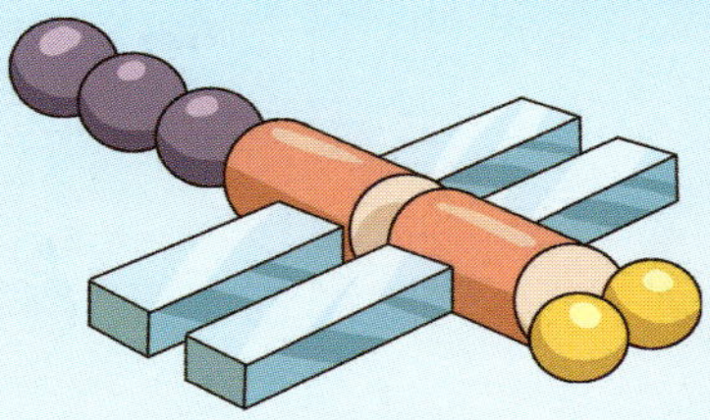

☐ ☐개, ⬭ ☐개, ⬤ ☐개

5

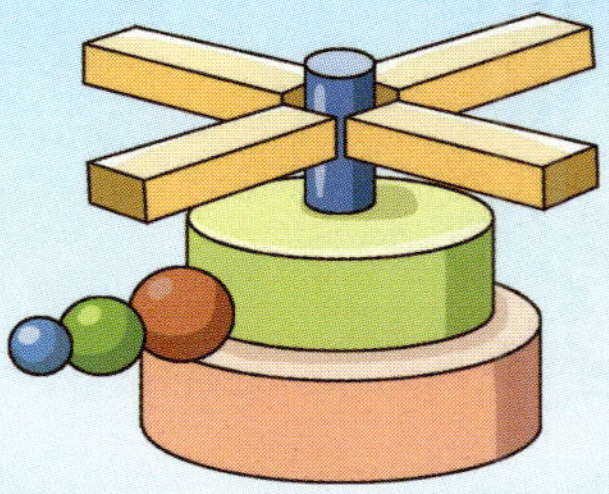

☐ ☐개, ⬭ ☐개, ⬤ ☐개

6

☐ ☐개, ⬭ ☐개, ⬤ ☐개

7

☐ ☐개, ⬭ ☐개, ⬤ ☐개

8

☐ ☐개, ⬭ ☐개, ⬤ ☐개

03 6, 7, 8, 9 알아보기

✣ 6, 7, 8, 9 읽고 쓰기

6 (육, 여섯)

7 (칠, 일곱)

8 (팔, 여덟)

9 (구, 아홉)

● 수를 세어 ☐ 안에 알맞은 수를 써넣으세요.

1

☐ 7 → 사과의 수

2

☐ 7 → 과자의 수

3

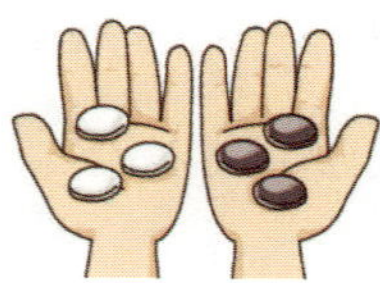  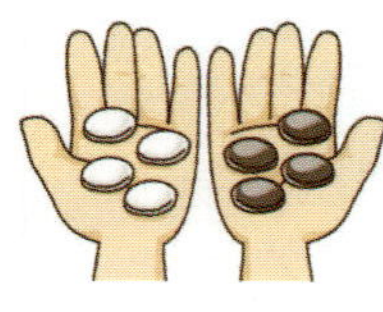 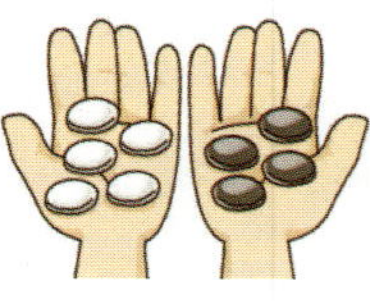

☐ 6 → 바둑돌의 수

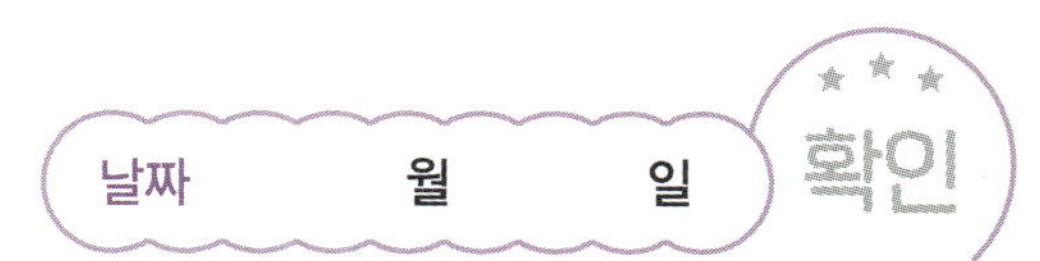

● **보기** 와 같이 가운데 적힌 수와 관련 있는 꽃잎을 모두 찾아 색칠해 보세요.

보기

4

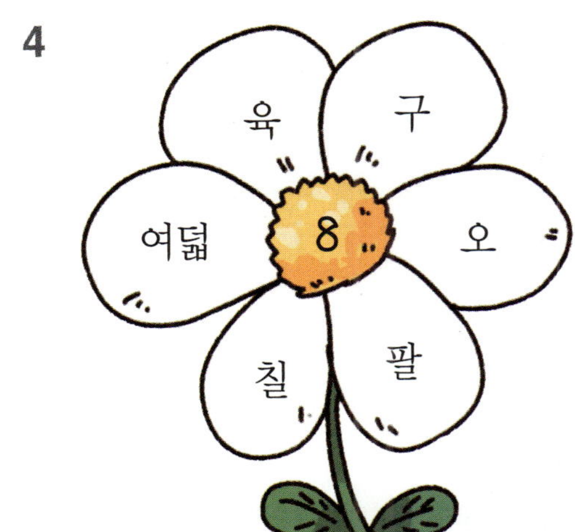

5

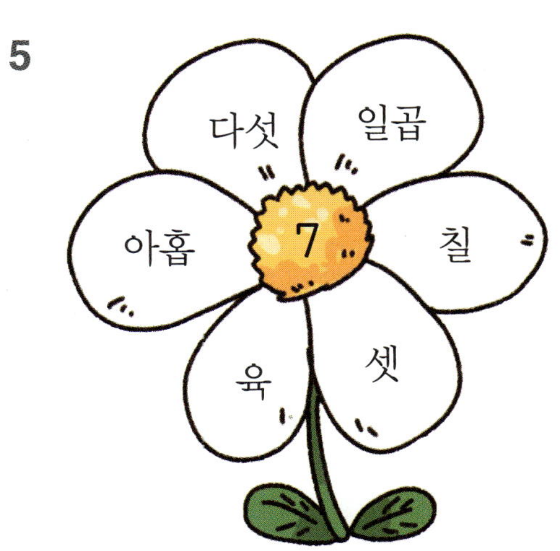

6

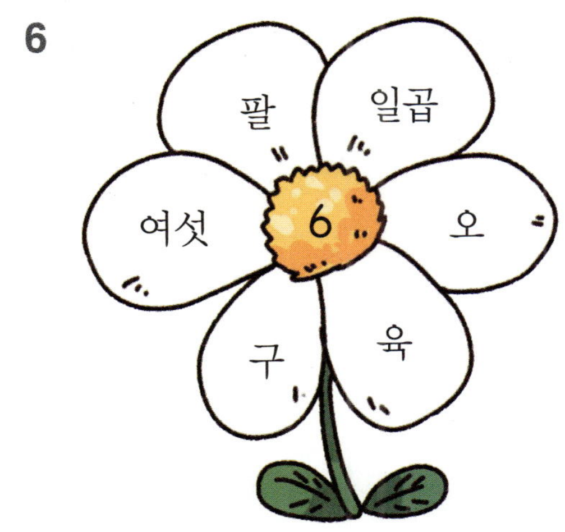

7

8

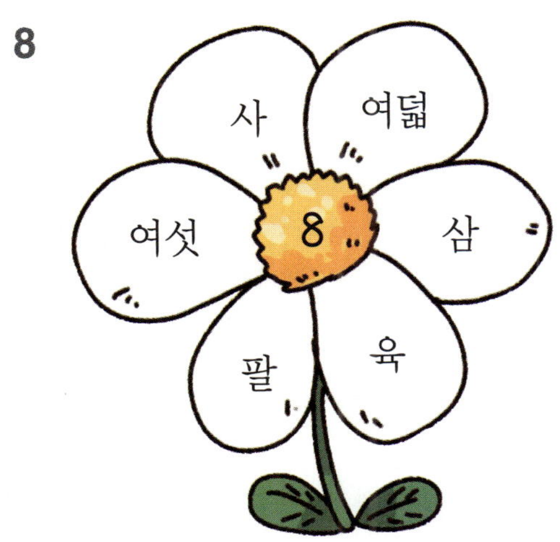

04 하나 더 많은 것, 하나 더 적은 것

✤ 6보다 Ⅰ만큼 더 작은 수와 Ⅰ만큼 더 큰 수 알아보기

● 왼쪽 카드의 그림보다 하나 더 많은 카드에 ○표, 하나 더 적은 카드에 △표 하세요.

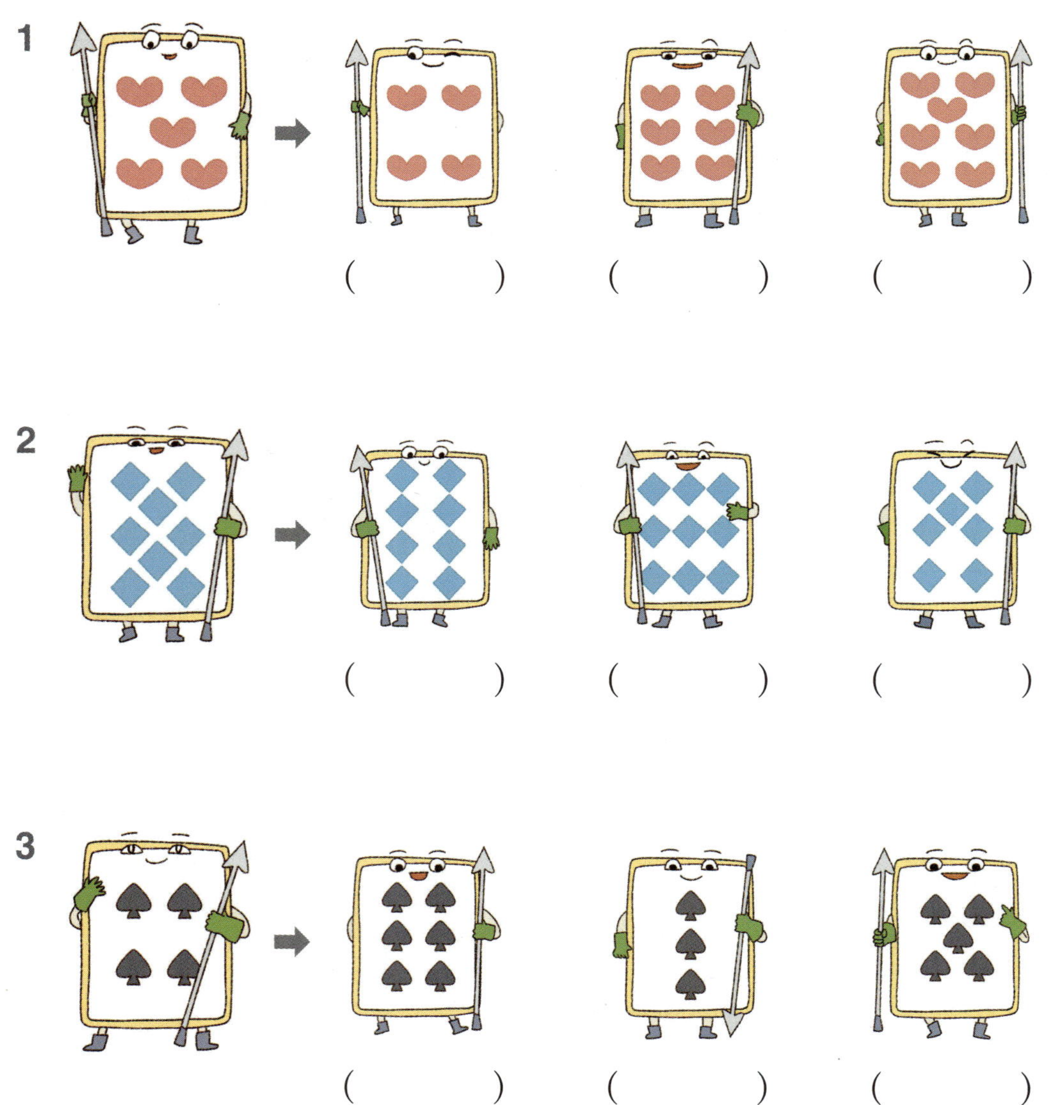

● 와 같이 그림의 수보다 1만큼 더 작은 수를 왼쪽에, 1만큼 더 큰 수를 오른쪽에 써 보세요.

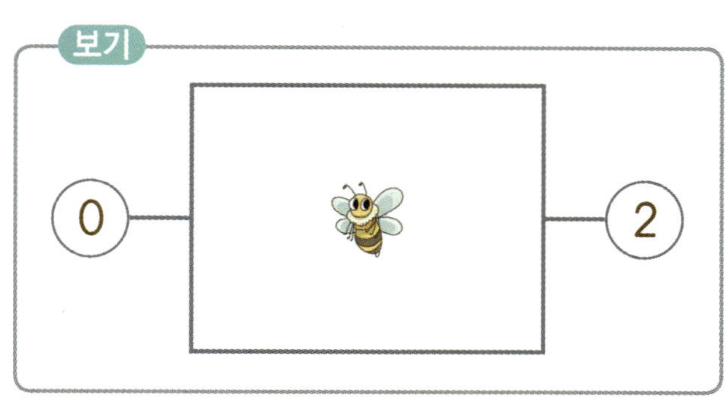

4 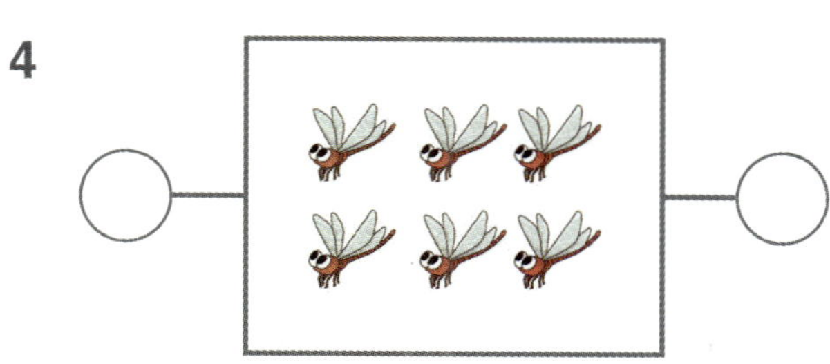

5 

6 

7 

8 

9 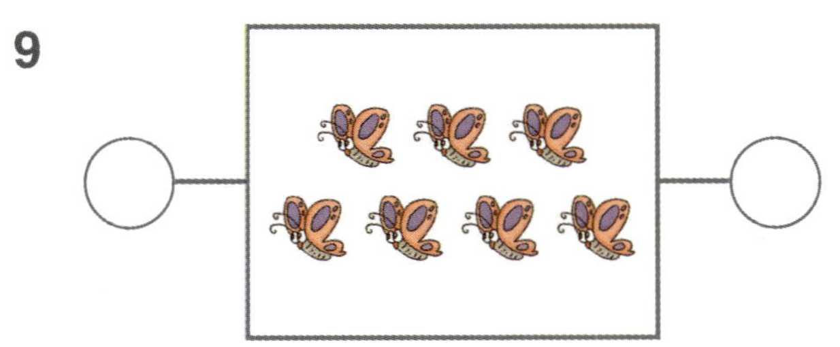

10 

✚ **커지는 순서대로 수 쓰기**

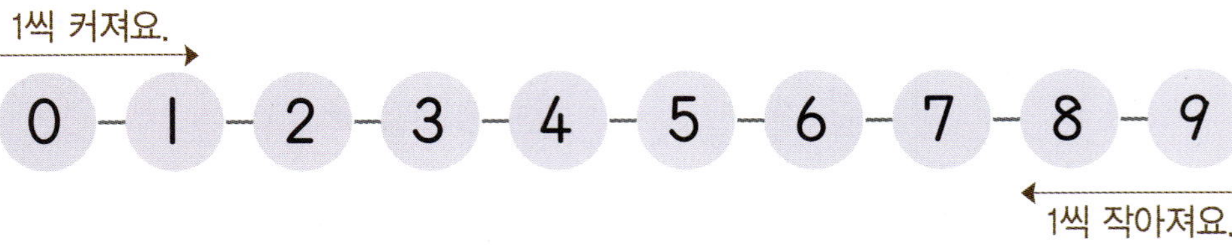

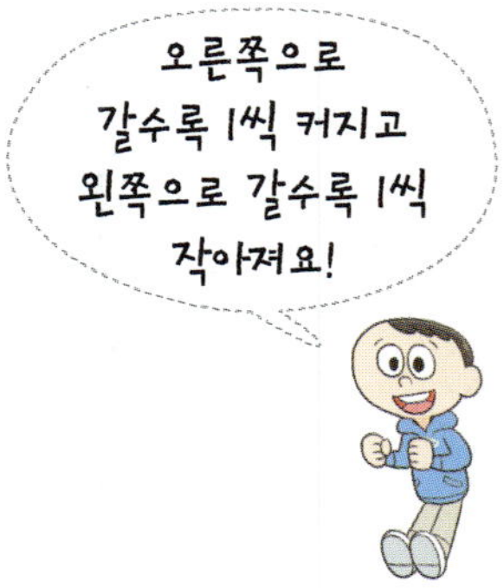

● 순서에 맞게 빈칸에 알맞은 수를 써넣으세요.

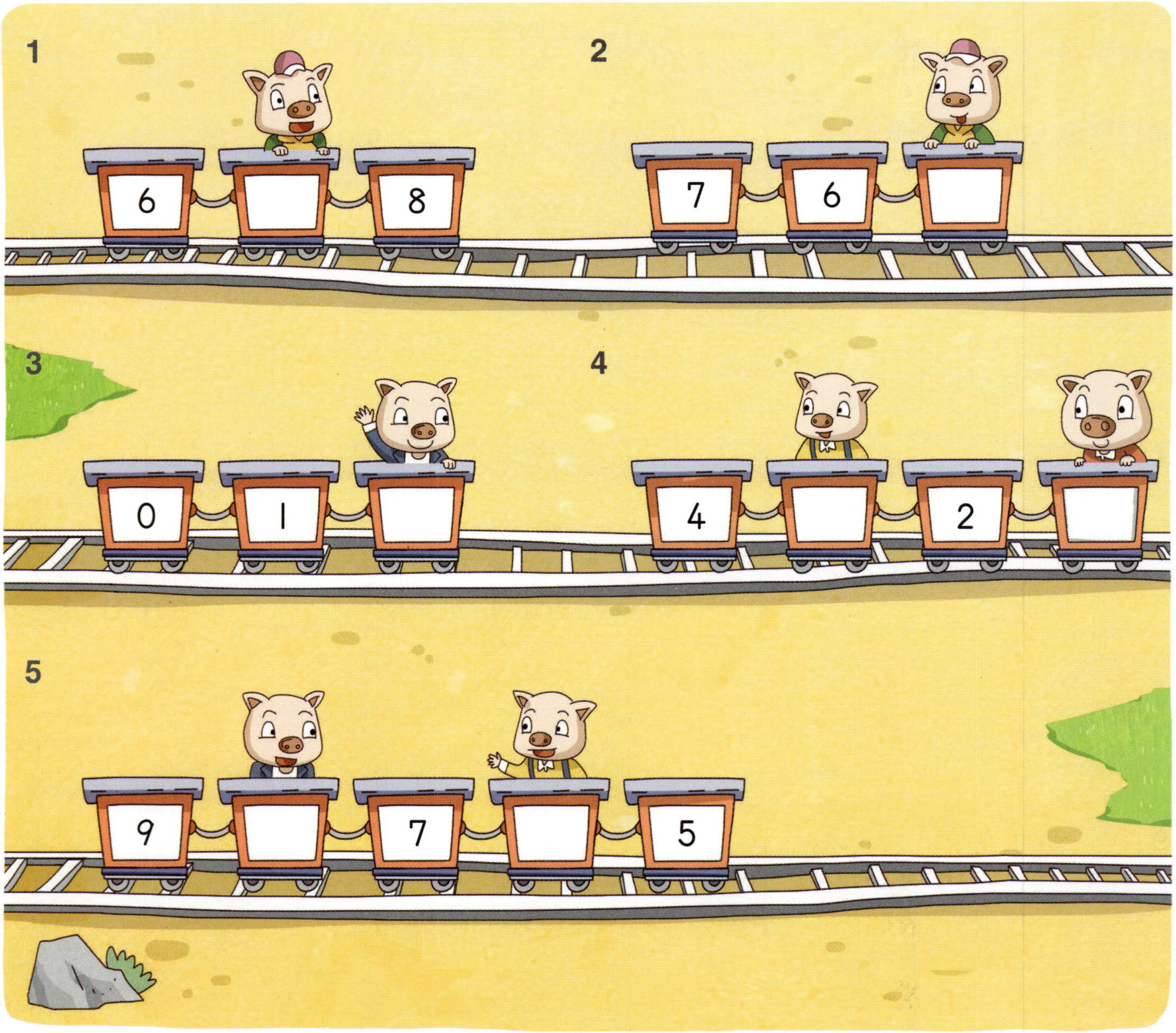

1 6 □ 8

2 7 6 □

3 0 1 □

4 4 □ 2 □

5 9 □ 7 □ 5

● 보기 와 같이 1씩 커지는 순서에 맞지 않는 수에 ×표 하세요.

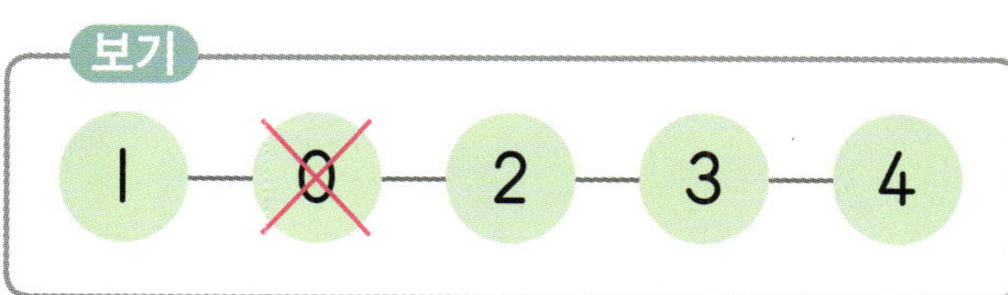

6

7

8

9

10

● 보기 와 같이 1씩 작아지는 순서에 맞지 않는 수에 ×표 하세요.

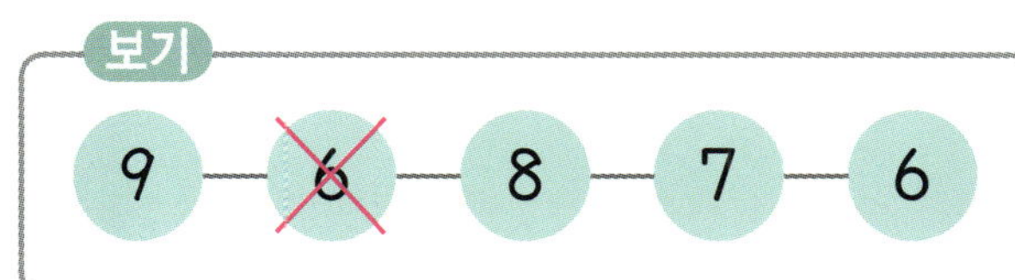

11

12

13

14

15
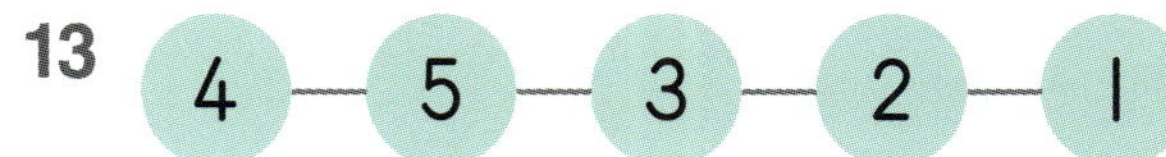

06 수의 순서 (2)

✤ 9까지의 수의 순서 알아보기

● **보기** 와 같이 순서를 세어 빈칸에 알맞은 말을 써넣으세요.

보기

둘째   여섯째

1 첫째

2

3

● 보기 와 같이 알맞게 색칠해 보세요.

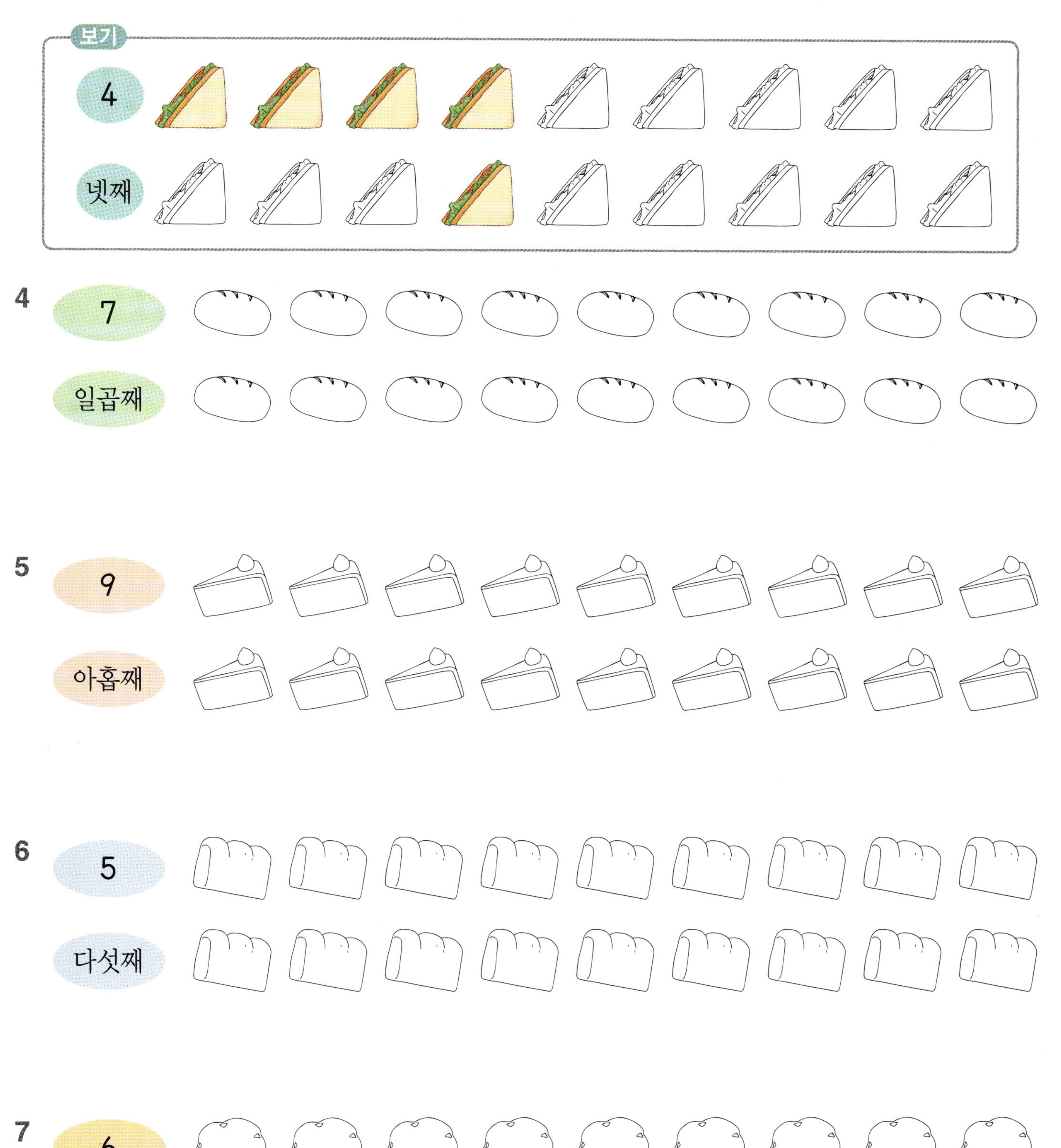

두 수의 크기 비교

✤ 5와 6의 크기 비교하기

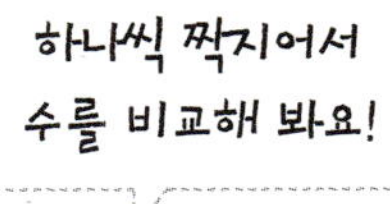

> 6은 5보다 큰 수
> 5는 6보다 작은 수

● ☐ 안에 알맞은 수를 써넣으세요.

1
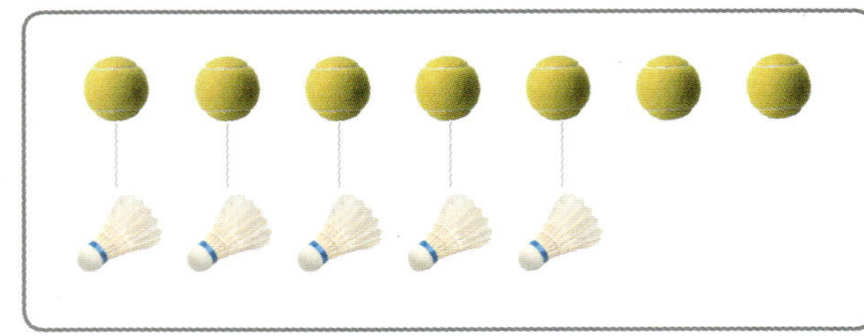

> 7 은 5 보다 큰 수
> ☐ 는 ☐ 보다 작은 수

2
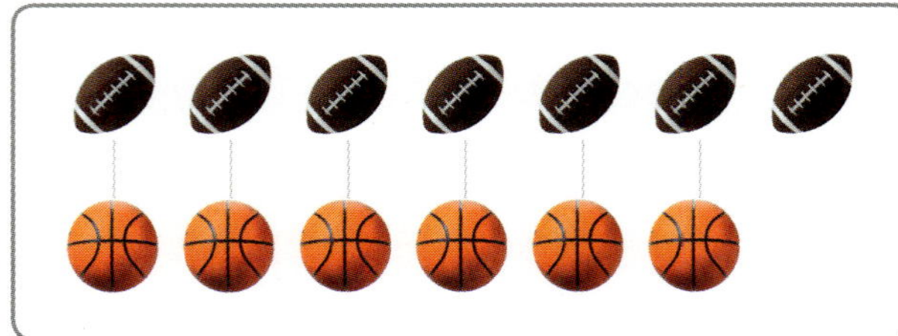

> ☐ 은 ☐ 보다 큰 수
> ☐ 은 ☐ 보다 작은 수

3

> ☐ 은 ☐ 보다 큰 수
> ☐ 은 ☐ 보다 작은 수

● 보기 와 같이 ☐ 안에 구슬의 수를 써넣고, 늑대가 가지게 되는 구슬의 수에 ◯표 하세요.

세 수의 크기 비교

✤ 4, 6, 8의 크기 비교하기

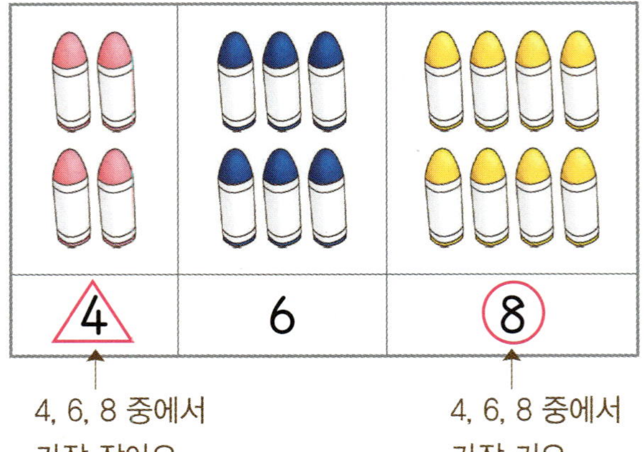

4, 6, 8 중에서
가장 작아요.

4, 6, 8 중에서
가장 커요.

● 크레파스의 수를 세어 쓰고 세 수 중에서 가장 큰 수에 ○표, 가장 작은 수에 △표 하세요.

1

2

3

4

● 보기 와 같이 밟아야 하는 징검다리에 ◯표 하세요.

● 그림을 보고 관계 있는 것에 ○표 하세요.

1 

| 0 | 2 | 3 |

셋 하나 둘

2 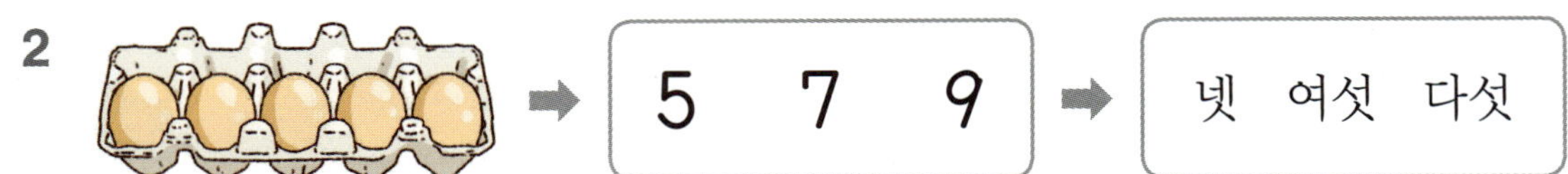

| 5 | 7 | 9 |

넷 여섯 다섯

3 

| 8 | 6 | 7 |

일곱 아홉 둘

4 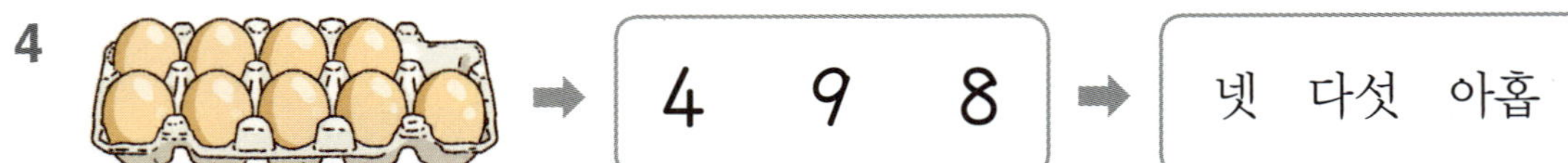

| 4 | 9 | 8 |

넷 다섯 아홉

● | 씩 커지는 순서에 맞지 않는 풍선에 ×표 하세요.

5 
2 3 4 6

6
6 7 5 8

7 
4 5 6 8

8
7 6 8 9

● | 씩 작아지는 순서에 맞지 않는 풍선에 ×표 하세요.

9 
3 2 5 1

10
6 7 5 4

11 
9 6 8 7

12 
3 2 4 1

● 보기 와 같이 공의 수를 세어 □ 안에 써넣고, 더 큰 수에 ◯표 하세요.

13 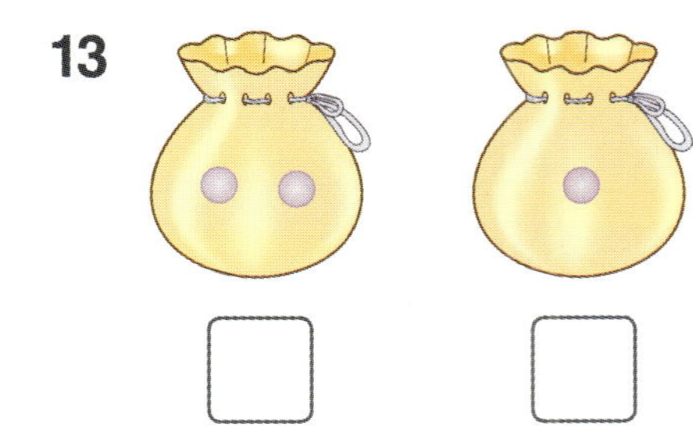

14 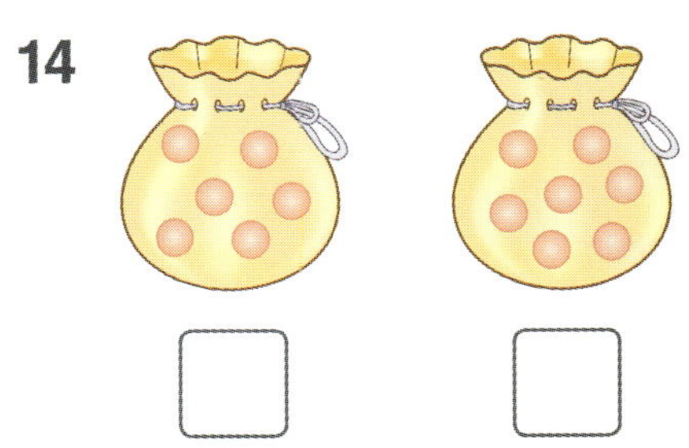

15 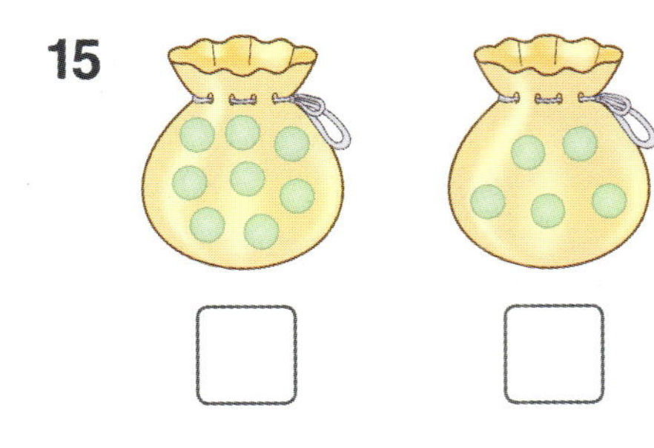

16 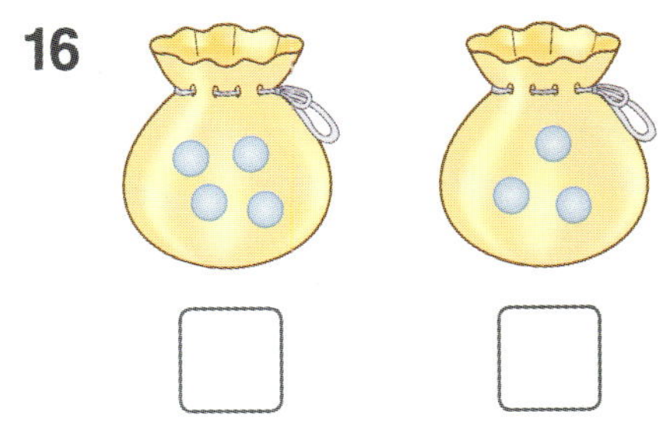

17 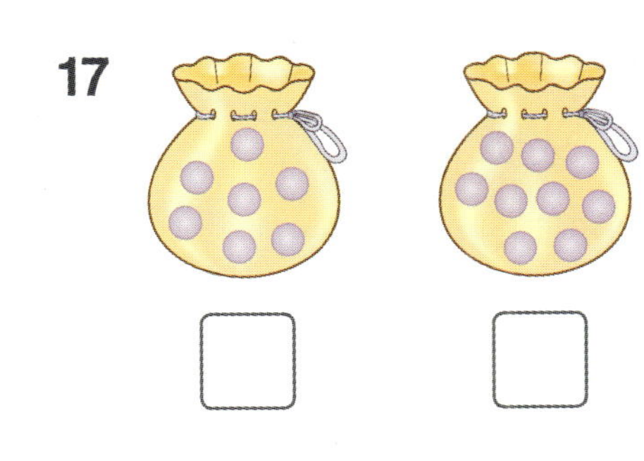

18 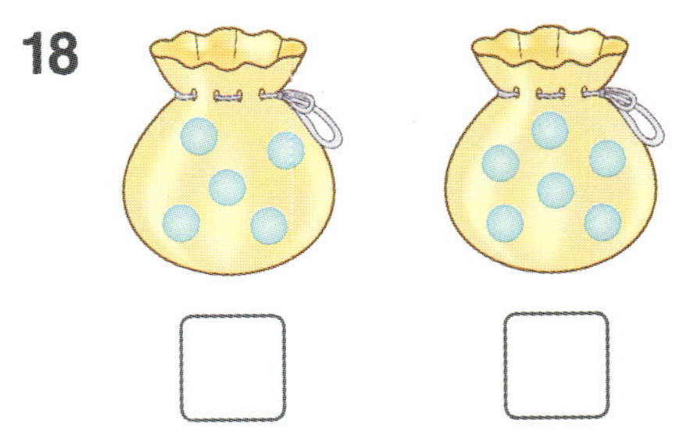

19 

● 주어진 수와 관계있는 것에 ○표 하세요.

1 (2) | 하나 칠 이 오 |

2 (4) | 팔 삼 둘 사 |

3 (5) | 다섯 넷 구 팔 |

4 (7) | 넷 아홉 칠 육 |

5 (0) | 일 오 영 이 |

6 (8) | 구 일곱 넷 여덟 |

● ☐ 안에 알맞은 수를 써넣으세요.

7 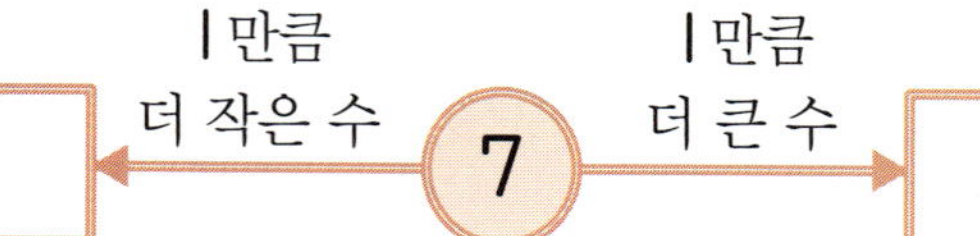

8 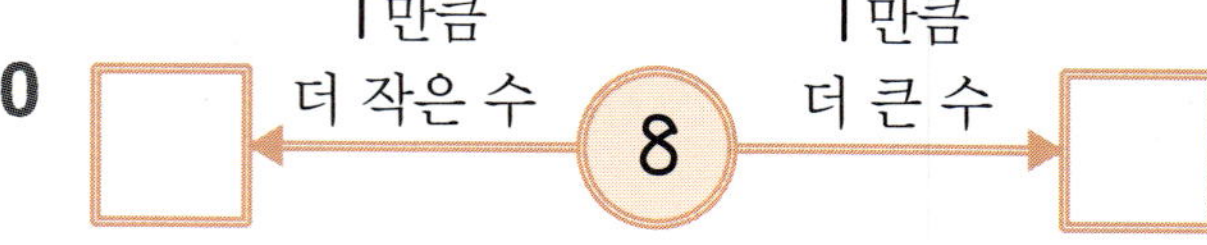

9 

10 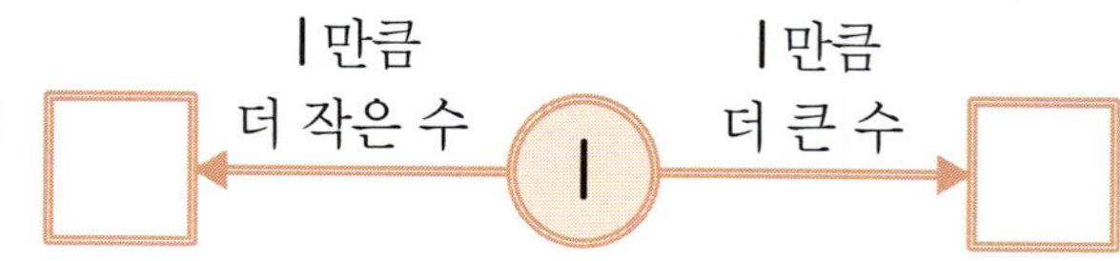

11 1만큼 더 작은 수 ← (5) → 1만큼 더 큰 수

12 1만큼 더 작은 수 ← (1) → 1만큼 더 큰 수

● 가장 큰 수에 ○표, 가장 작은 수에 △표 하세요.

13

```
2           1
       4
```

14

```
1              5
     0
```

15

```
6           7
       9
```

16

```
7              5
       4
```

17

```
2           1
   0        5
```

18

```
4           9
    3       1
```

19

```
7           4
   2        8
```

20

```
7           4
   2        0
```

21

```
3           5
   7        4
```

22

```
4           6
   1        2
```

가르기, 모으기

눈이 다시 내리게 하려면 불의 성에 가서 화룡에게 부탁을 해야 해.

그 전에 먼저 동물들을 우리 안에 모두 넣어야 하고….

꿀꿀
꿀꿀
파닥
파닥
우왓! 저리 가!

뭐지? 우린 눈싸움을 하려고 놀러왔을 뿐인데….

갑자기 화룡이라니~.

괜히 왔다….

쩝

더워서 나온 건데 그냥 두고 가죠?

안돼! 그러면 모두 도망갈 거라고!!

왁! 왁!
왁!
에휴….

지금 둘이 싸울 때인가?

닭장
돼지 우리

닭 5마리를 닭장 두 개에 갈라 넣고,

음….

돼지 3마리와 2마리를 우리 한 개에 모으려면….

아하! 수 가르기와 모으기로 금방 해결할 수 있어요!

공주님, 왕자님! 도와주세요!

수 가르기와 모으기?

▶ 9까지의 수 가르기
▶ 9까지의 수 모으기
▶ 여러 가지 방법으로 가르기와 모으기
▶ 두 번 가르기와 모으기

연산력 게임

스마트폰을 이용하여 QR을
찍으면 재미있는 연산 게임을
할 수 있습니다.

01 9까지의 수 가르기 (1)

✤ 4를 가르기

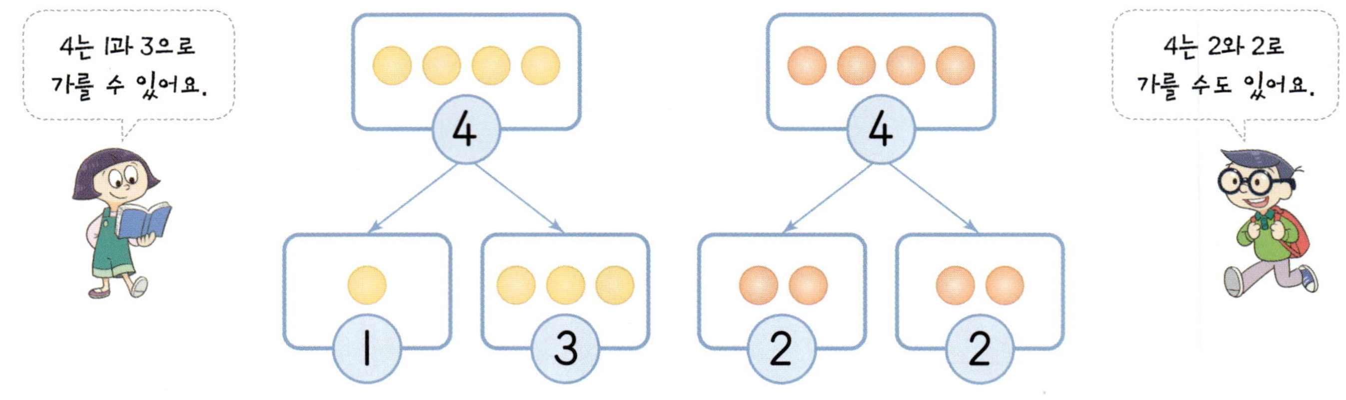

● 그림을 보고 빈칸에 알맞은 수를 써넣으세요.

1
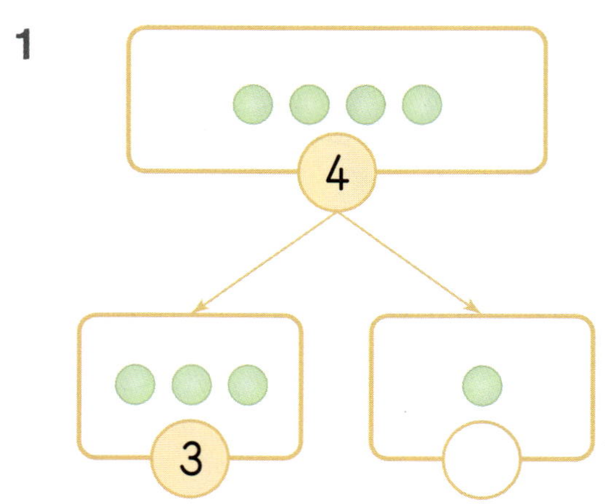

2
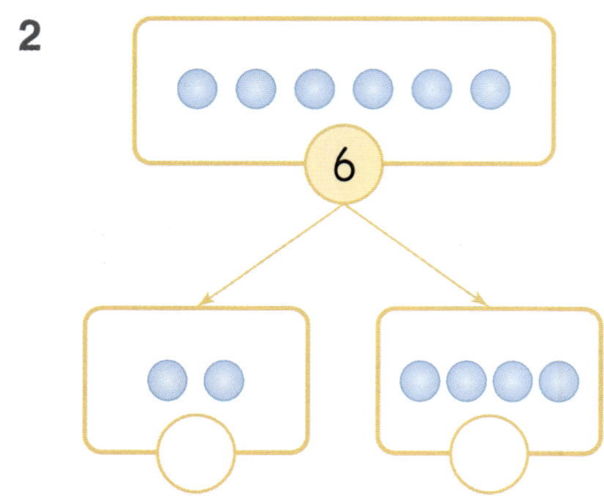

3
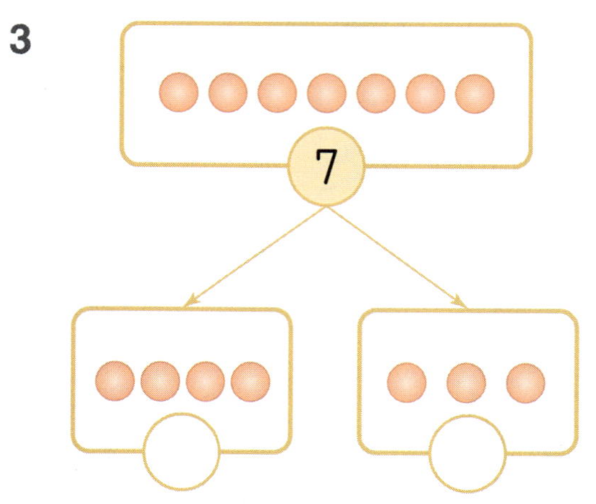

4
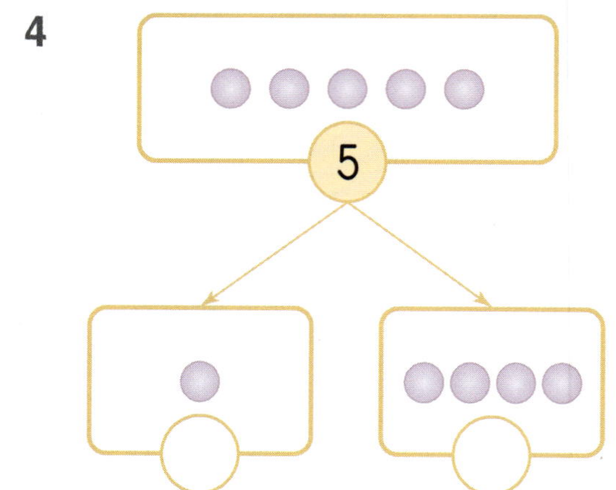

● 〇 안의 수를 가르기 하려고 합니다. 빈칸에 알맞은 수만큼 ☆을 그려 넣으세요.

5 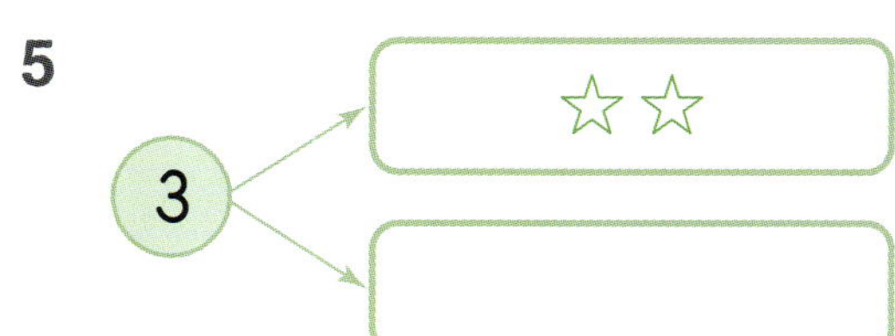

6 

7 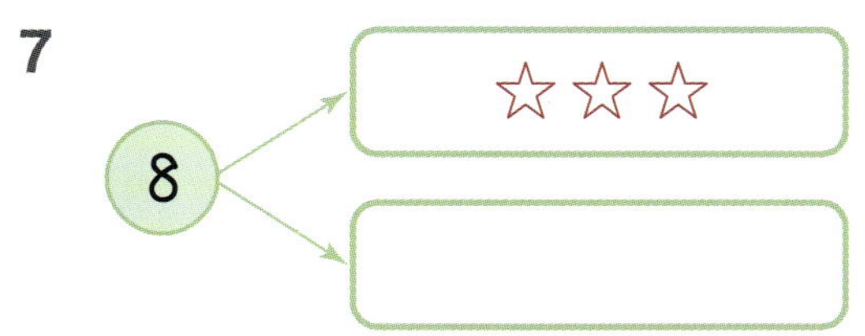

8 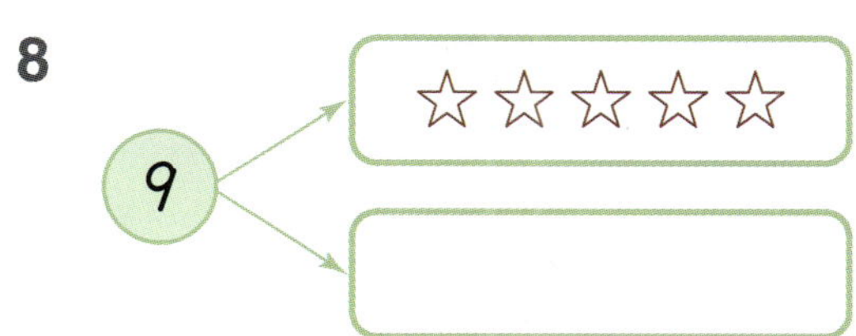

9 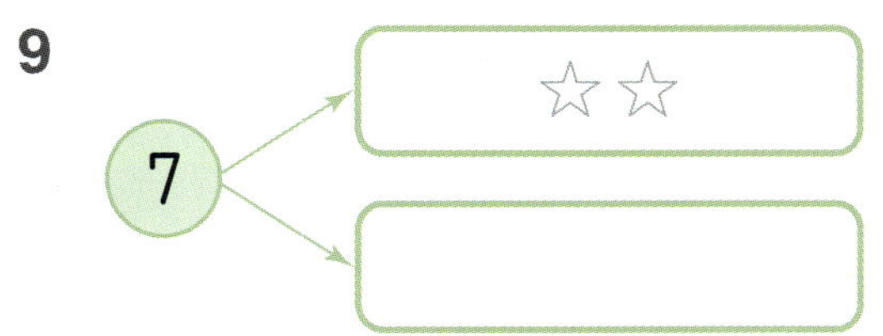

10 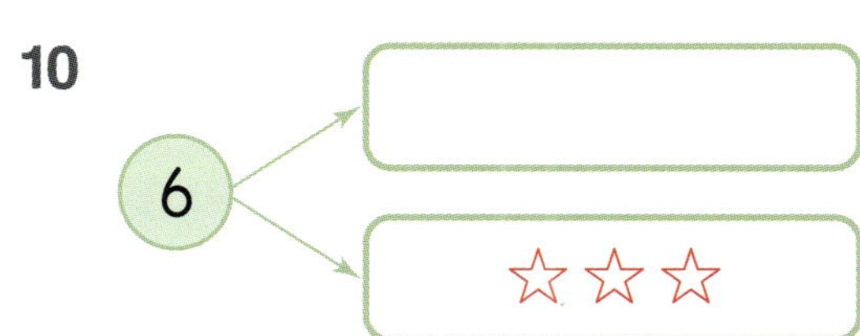

11 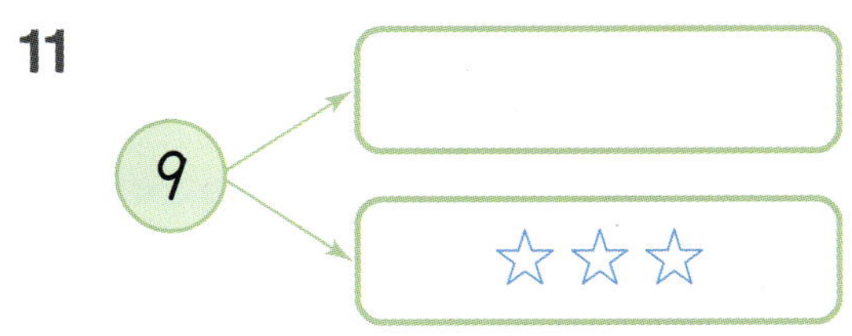

12 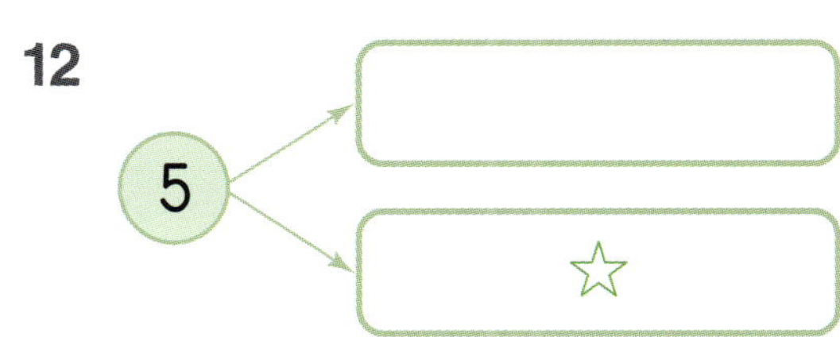

13 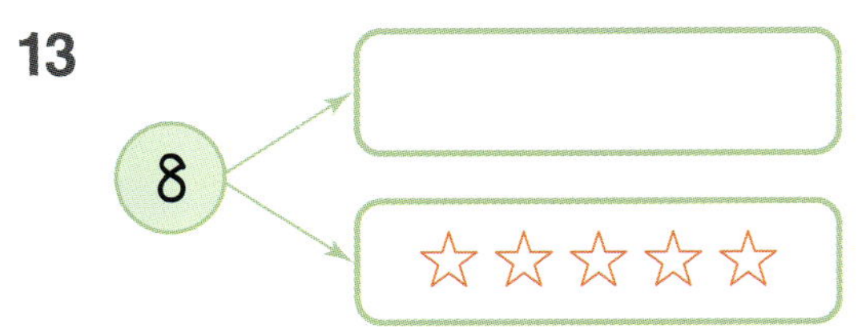

14 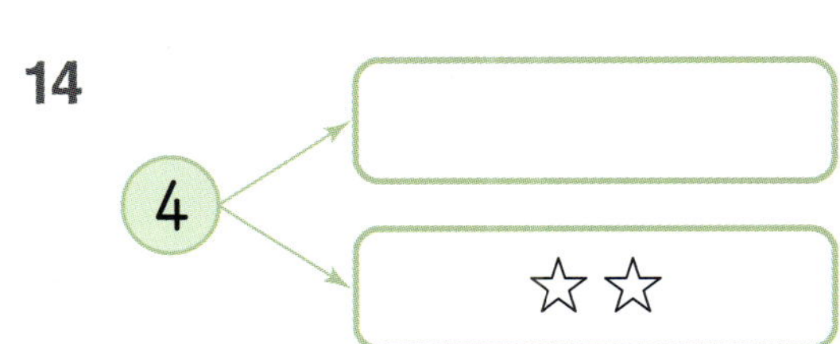

02 9까지의 수 가르기 (2)

✛ 4를 가르기

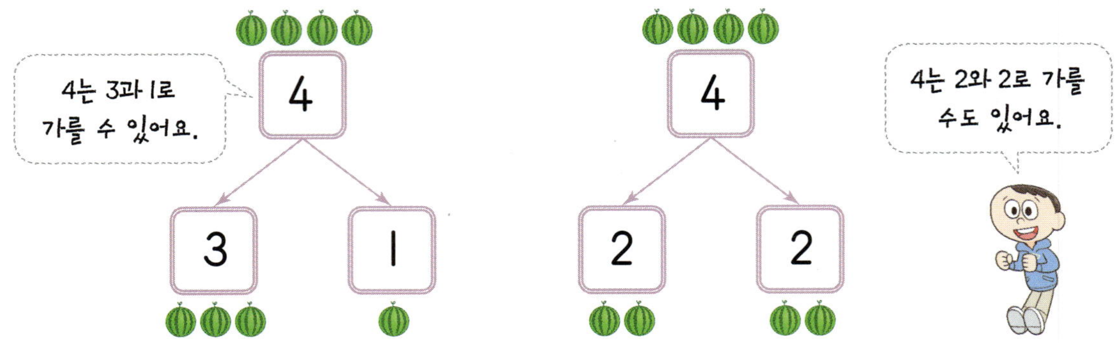

● 빈칸에 알맞은 수를 써넣으세요.

1 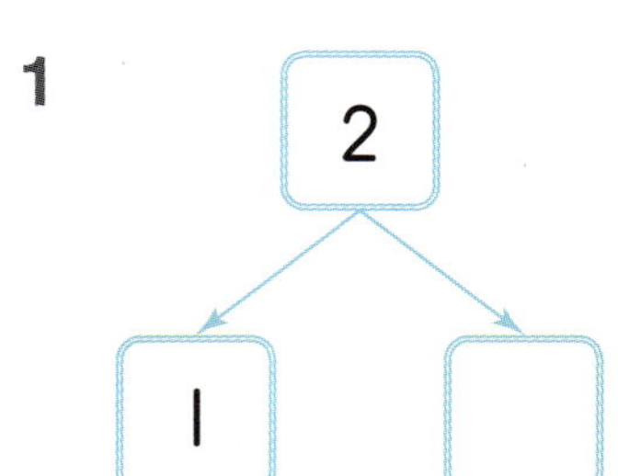

2 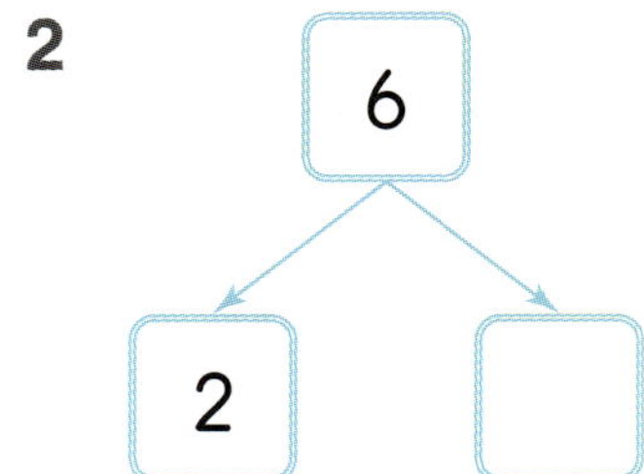

3 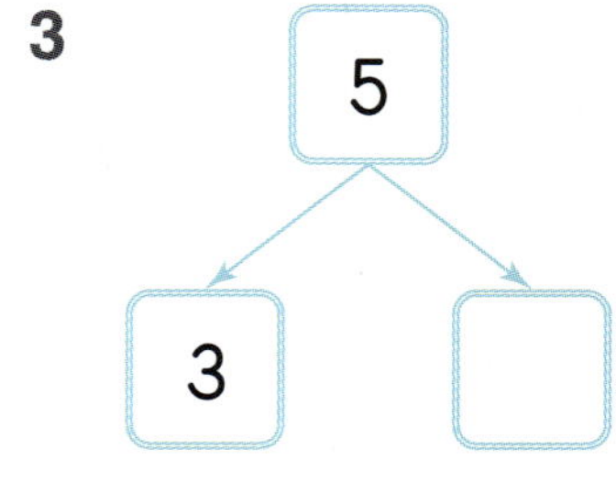

4 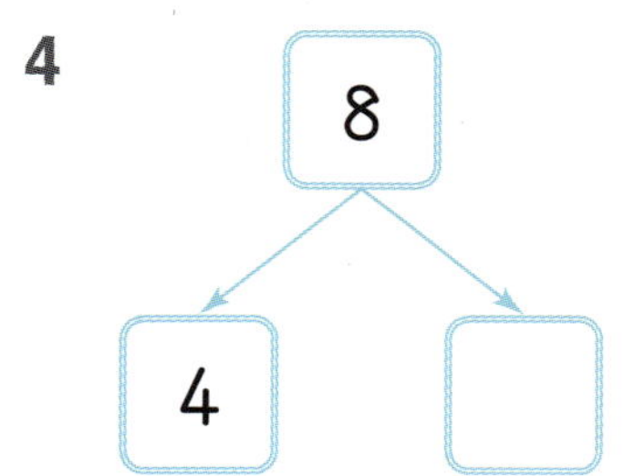

5 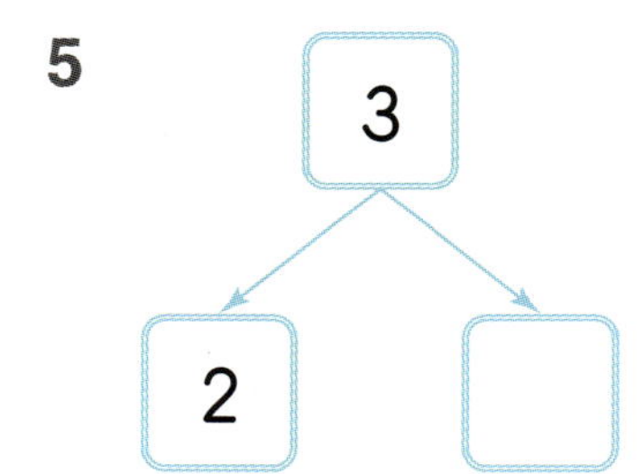

6 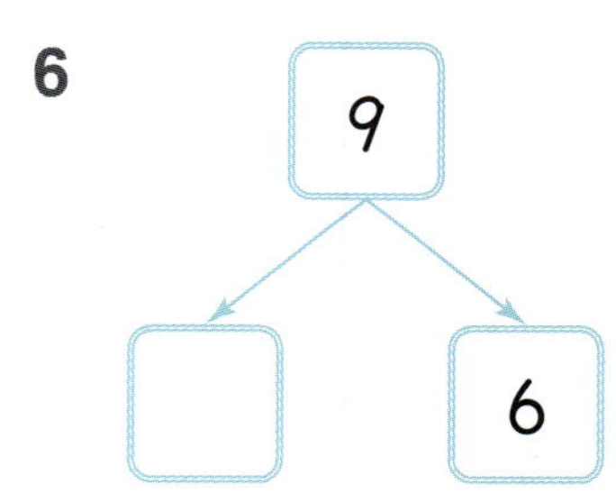

7 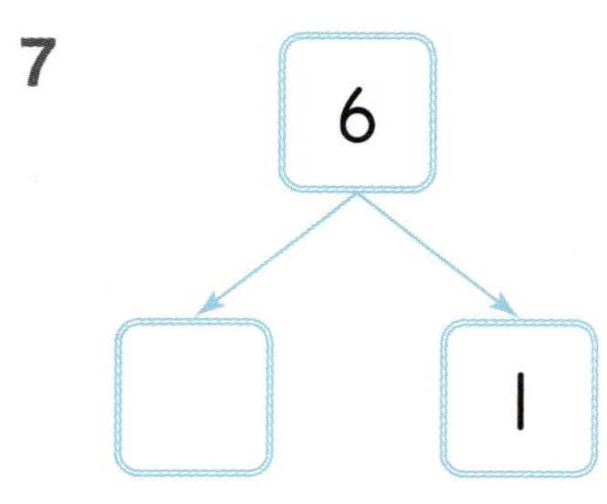

8 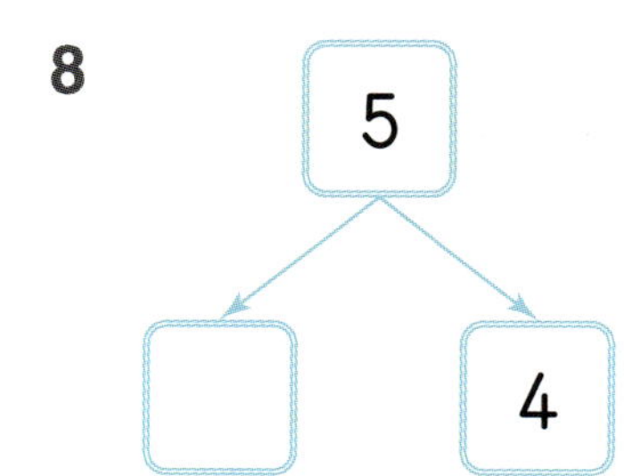

9 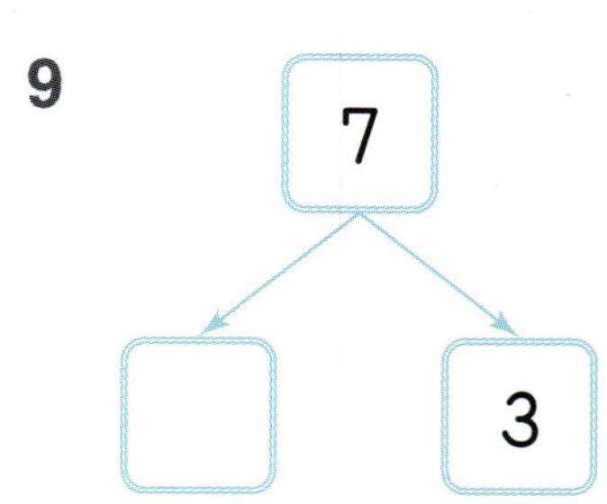

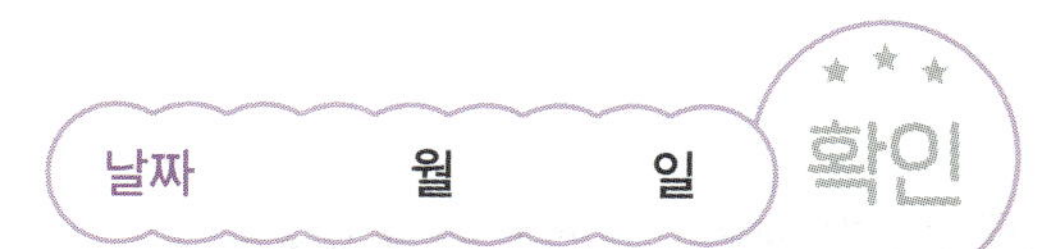

● 화장실 세 칸 중에서 ⬜ 안에 들어갈 수가 다른 한 칸을 사용할 수 있습니다. ⬜ 안에 알맞은 수를 써넣고, 사용할 수 있는 화장실을 찾아 손잡이에 ◯표 하세요.

10

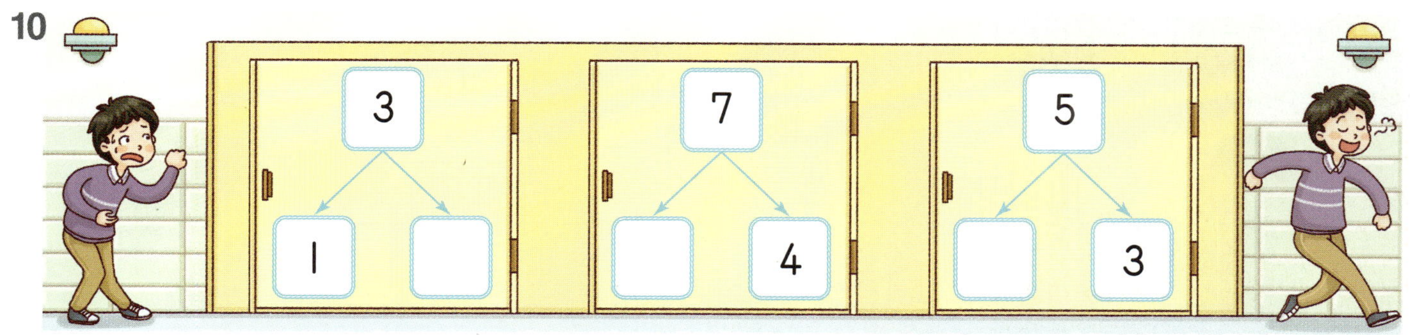

11

12

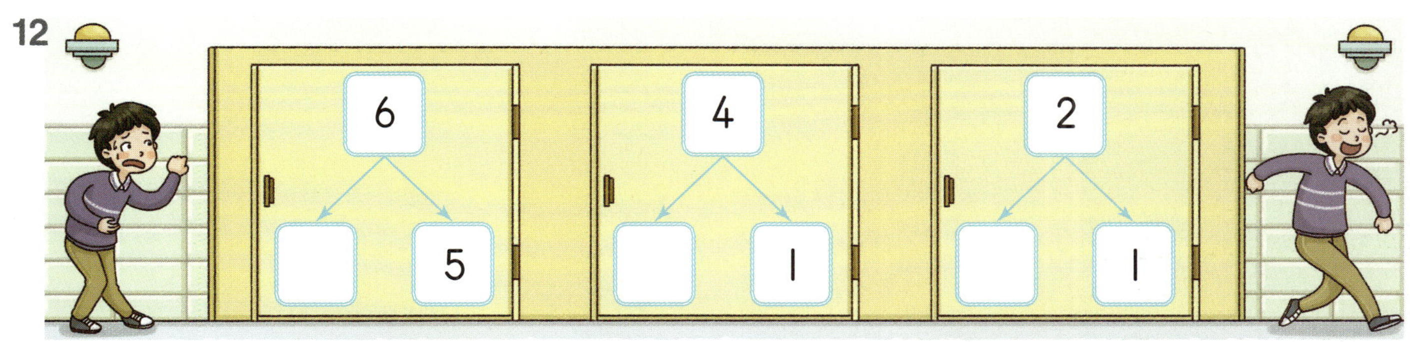

13

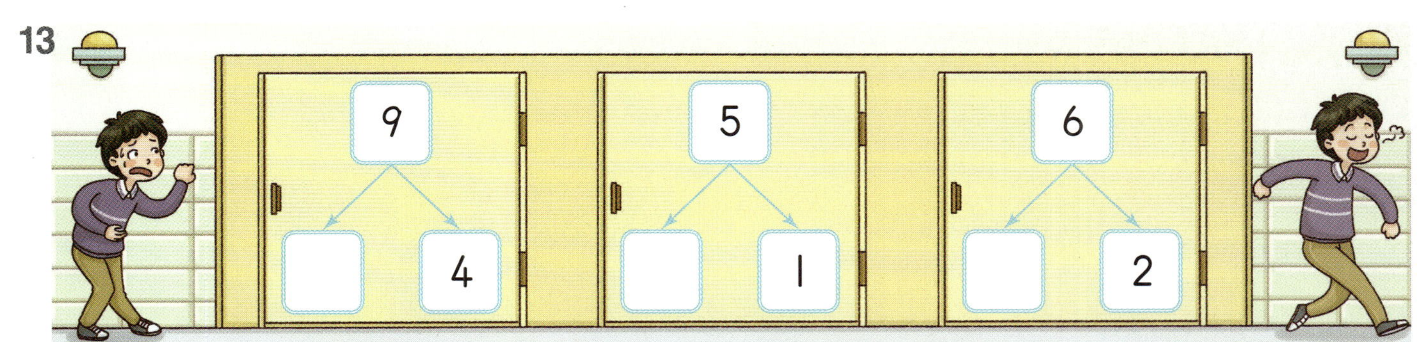

✚ 5가 되게 모으기

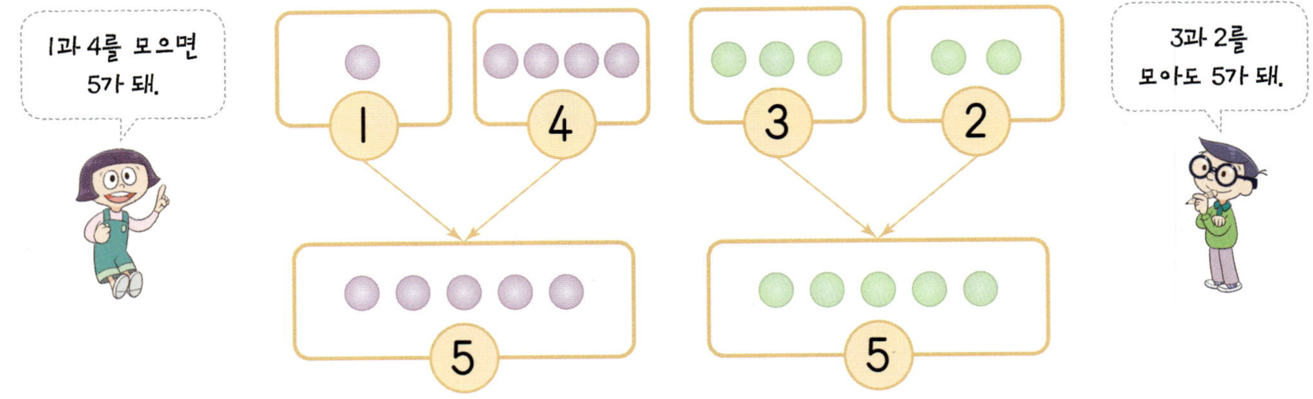

● 그림을 보고 빈칸에 알맞은 수를 써넣으세요.

1

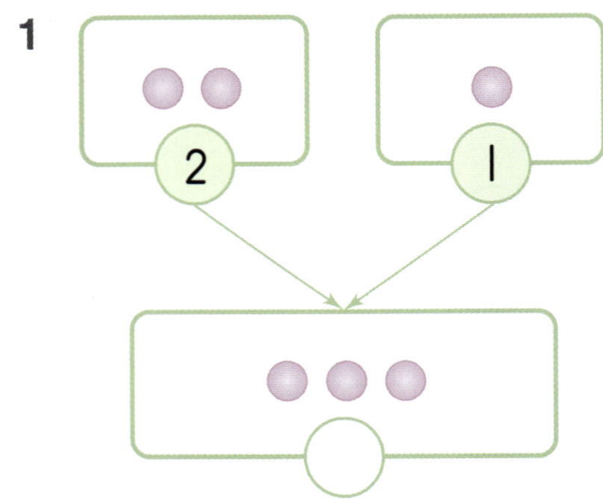

2

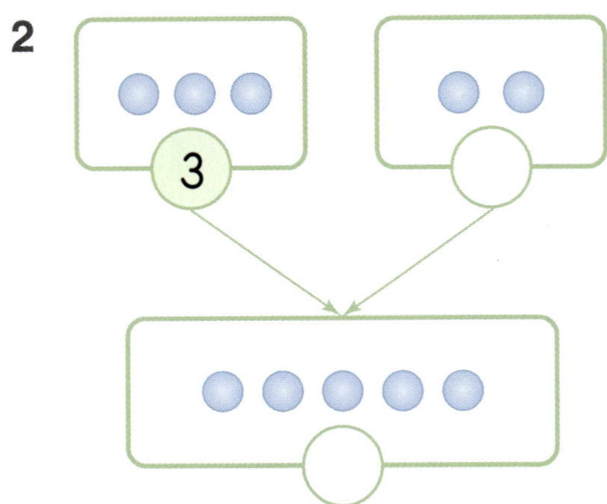

3

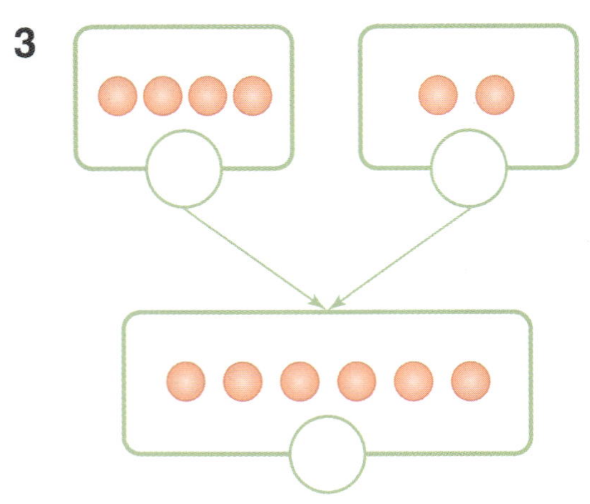

4

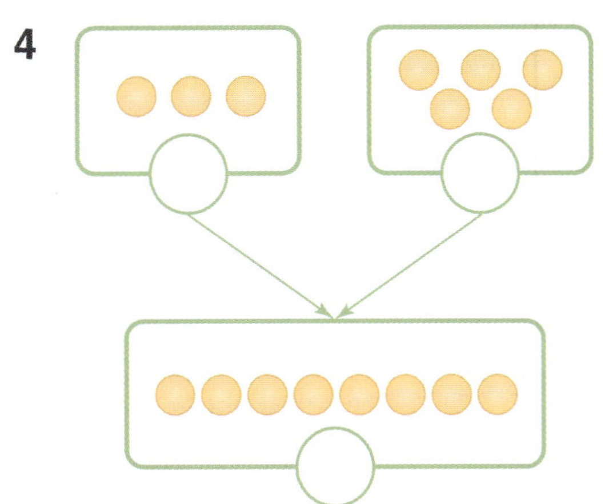

● 보기 와 같이 모으기 하여 ◯ 안의 수가 되도록 빈칸에 ☐를 그려 넣으세요.

보기

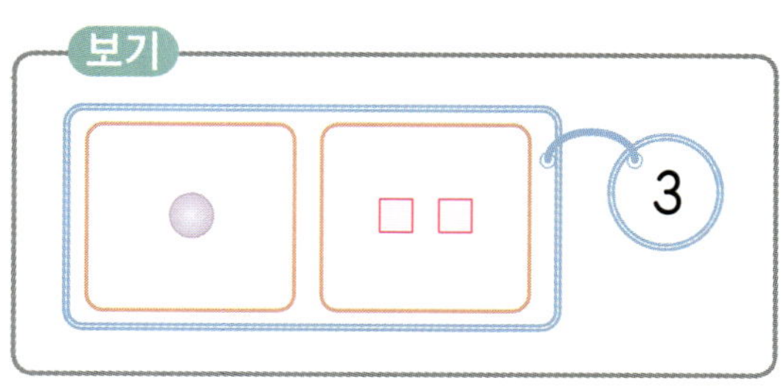

5 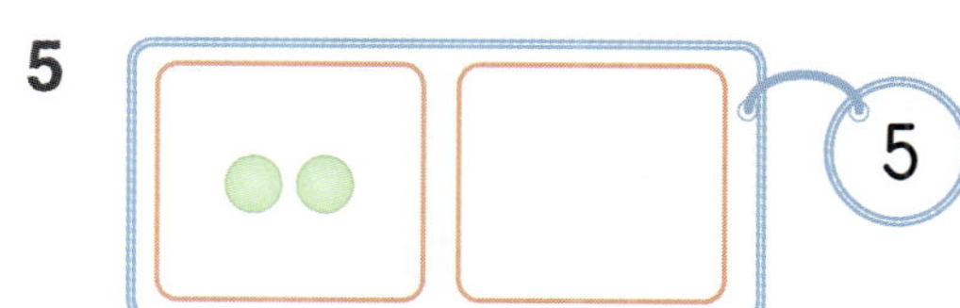

6 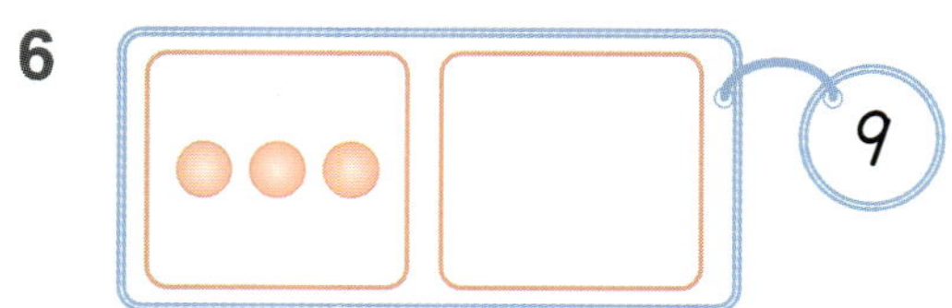

7 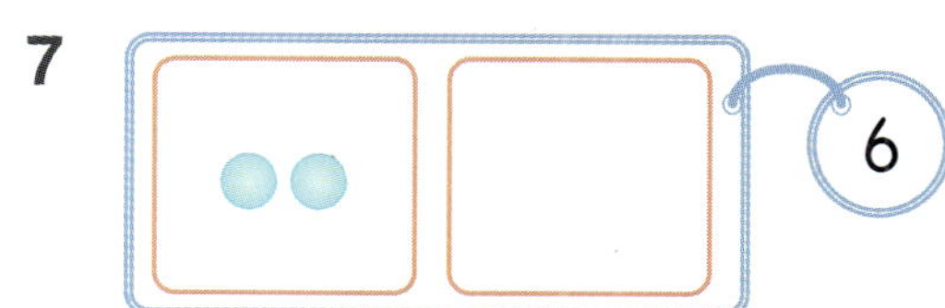

8 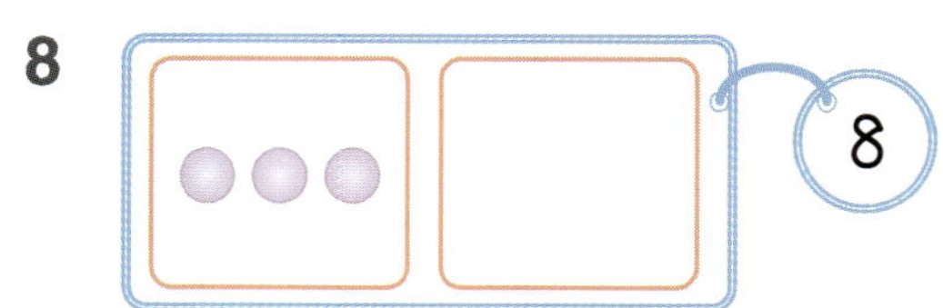

9 

10 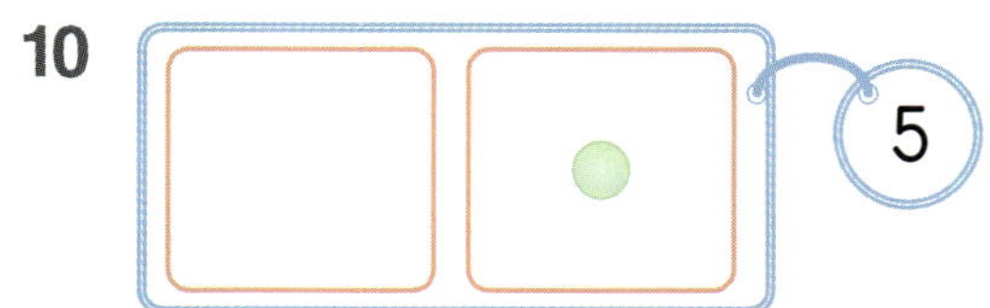

11 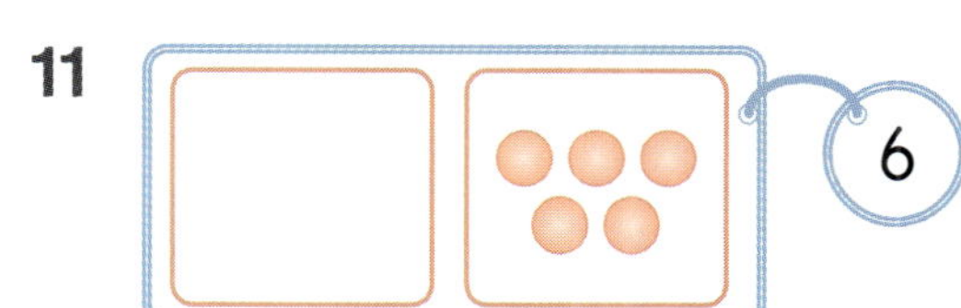

12 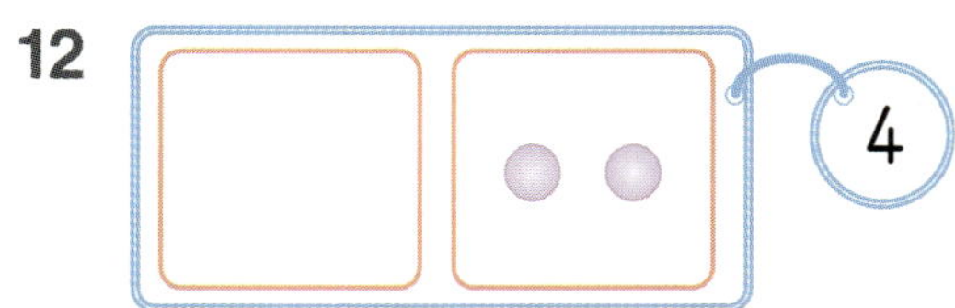

13 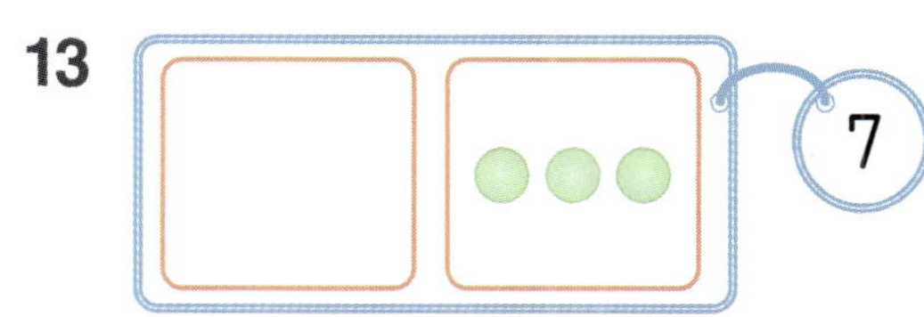

14 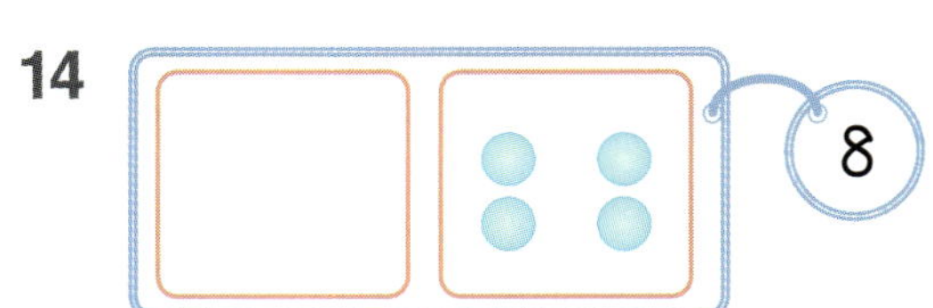

15 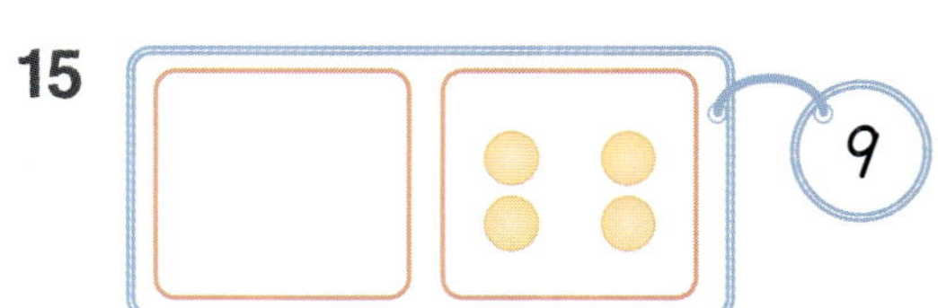

✤ 5가 되게 모으기

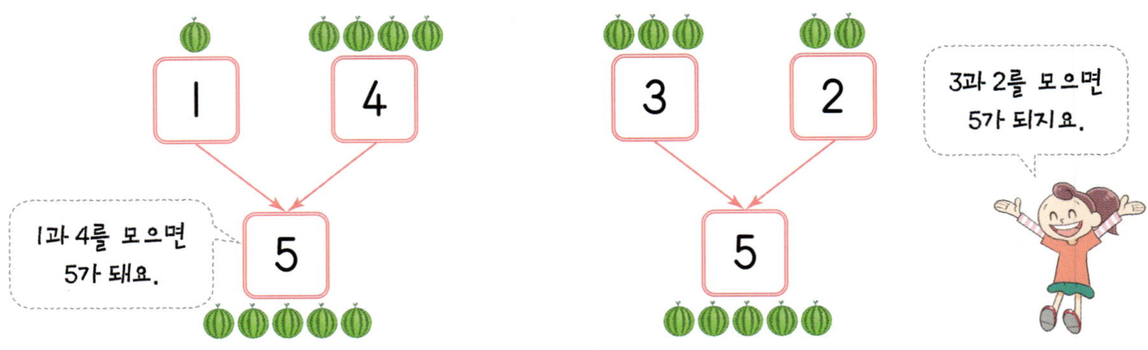

● 빈칸에 알맞은 수를 써넣으세요.

1 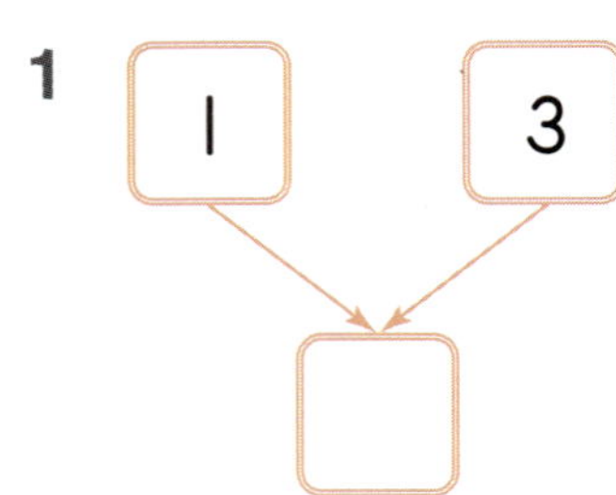

2 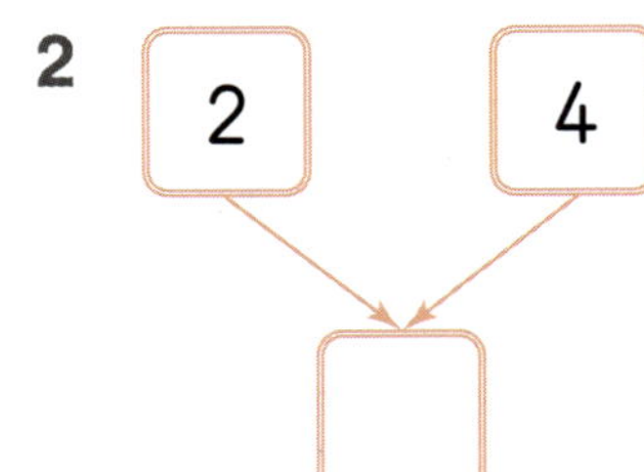

3 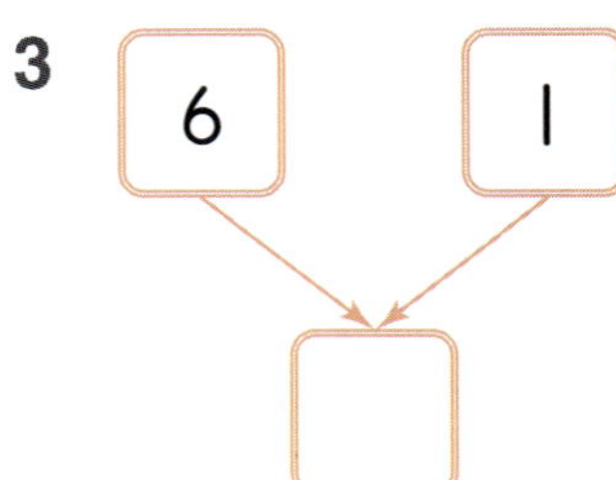

4 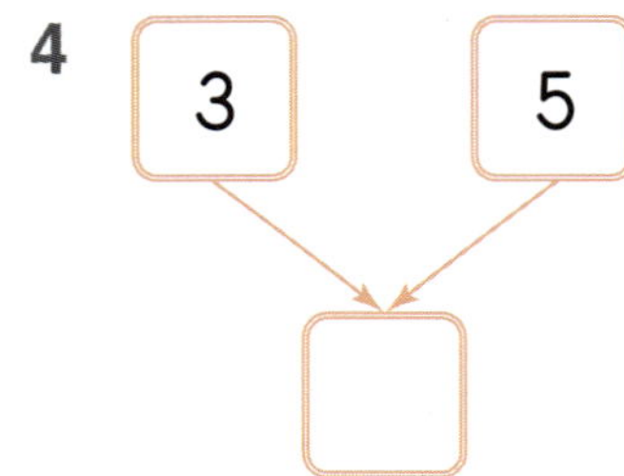

5 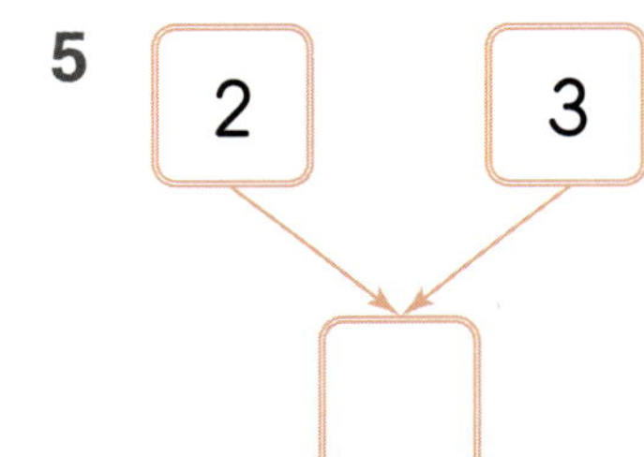

6 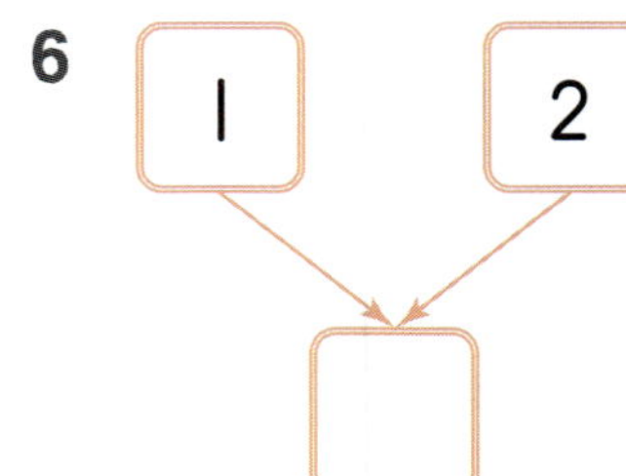

7 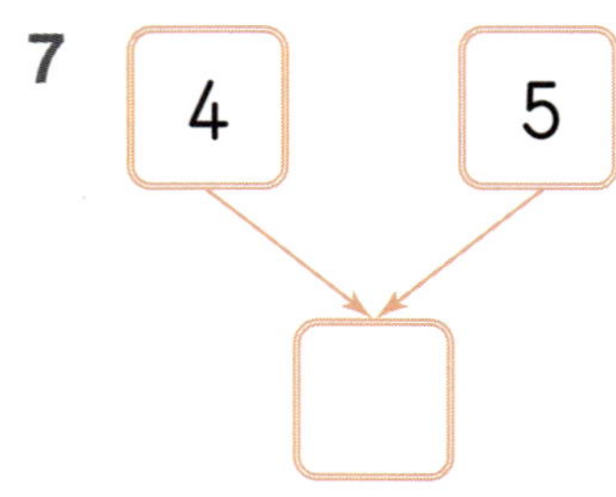

8 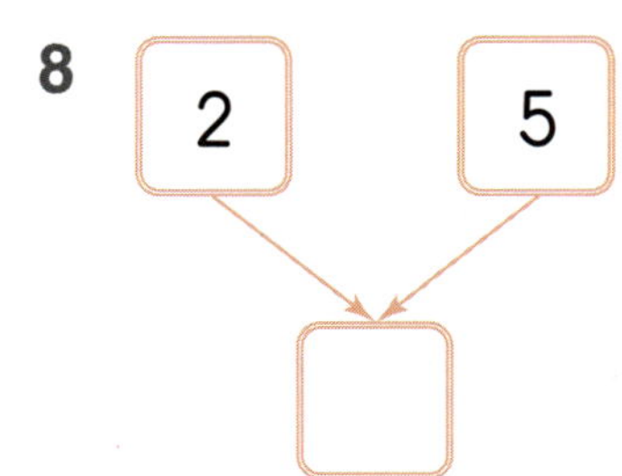

9 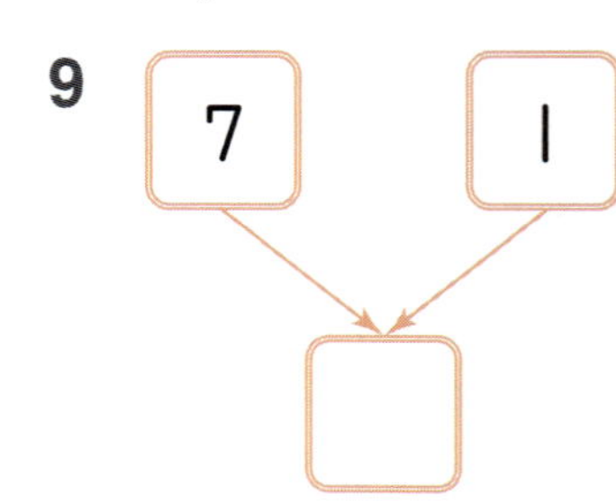

● 빈칸에 알맞은 수를 써넣으세요.

10. | 4 → ☐

11. 5 2 → ☐

12. 3 | → ☐

13. 4 2 → ☐

14. 2 2 → ☐

15. | 2 → ☐

16. | 6 → ☐

17. 3 2 → ☐

18. 4 4 → ☐

19. 2 7 → ☐

20. 2 | → ☐

21. 3 3 → ☐

22. 4 | → ☐

23. 3 4 → ☐

24. 5 | → ☐

✤ 4 가르기, 4 모으기

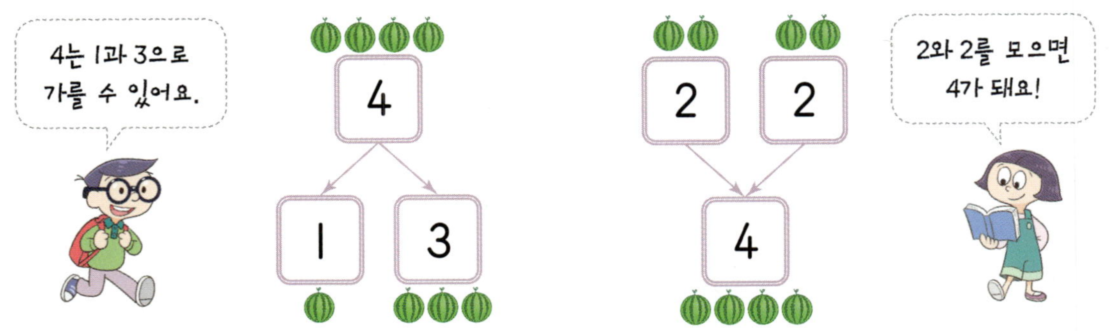

● 카드에 있는 과일의 수를 3가지 방법으로 가르기 해 보세요.

1

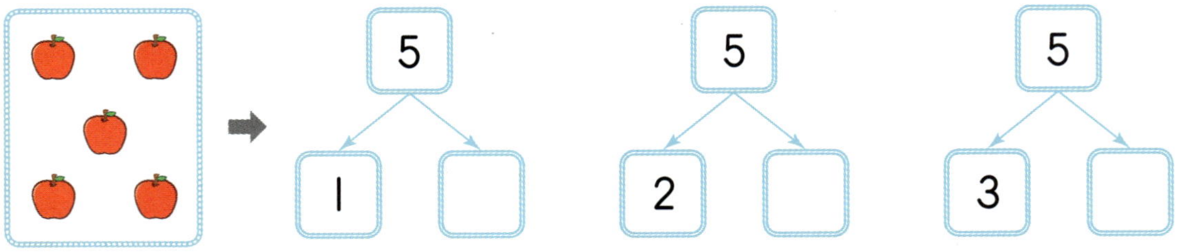

5 → 1 □

5 → 2 □

5 → 3 □

2

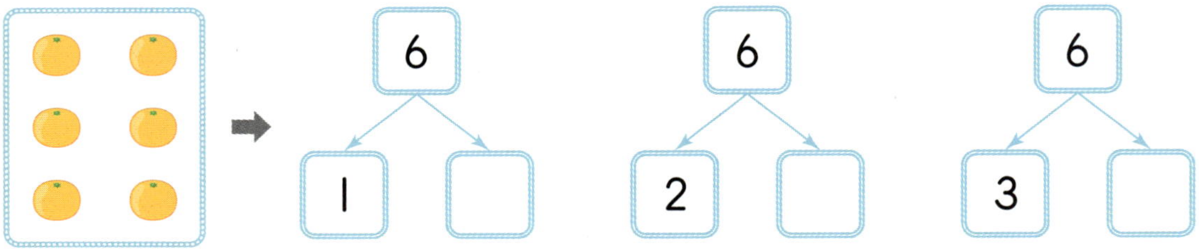

6 → 1 □

6 → 2 □

6 → 3 □

3

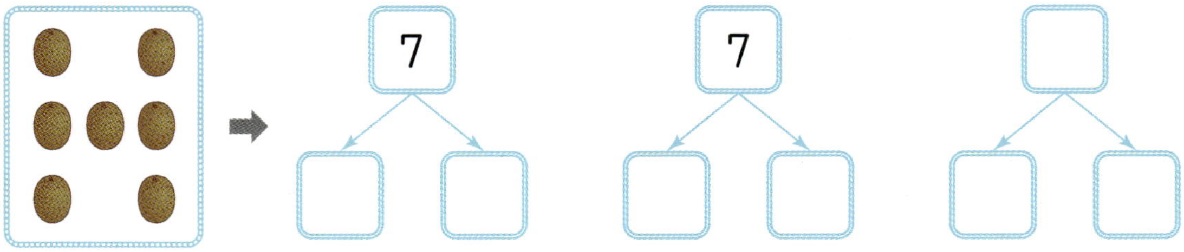

7 → □ □

7 → □ □

□ → □ □

4

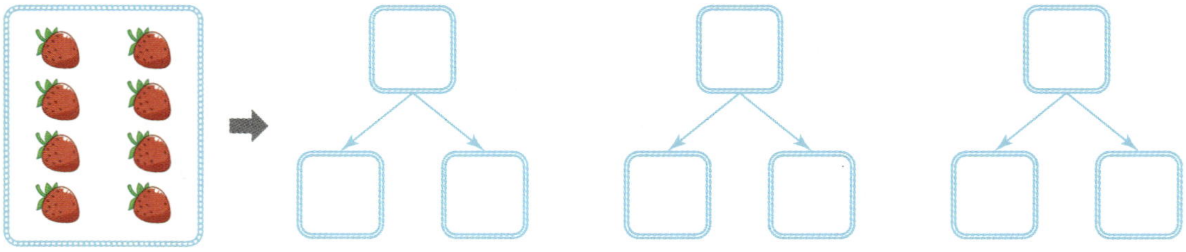

□ → □ □

□ → □ □

□ → □ □

● 동물들이 들고 있는 수가 되도록 3가지 방법으로 모으기 해 보세요.

5
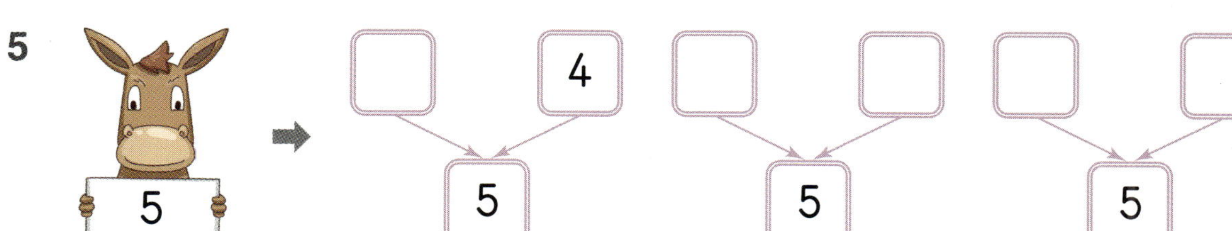

6
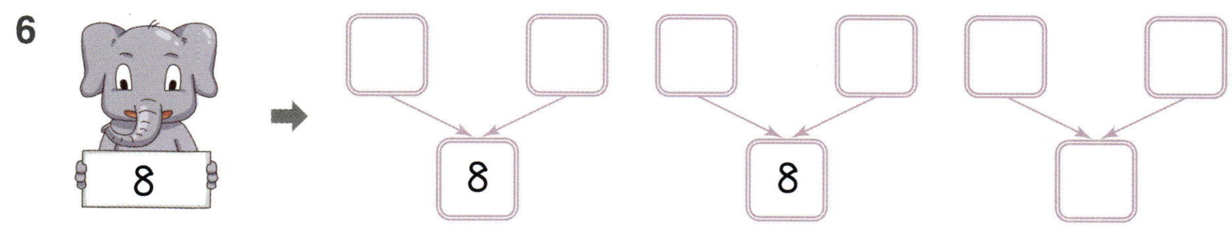

7
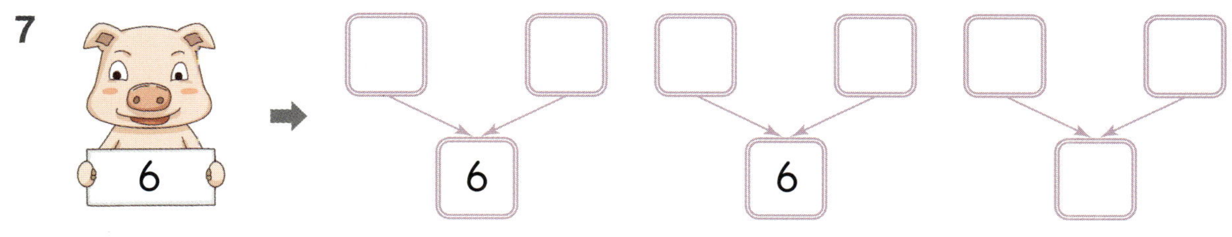

8
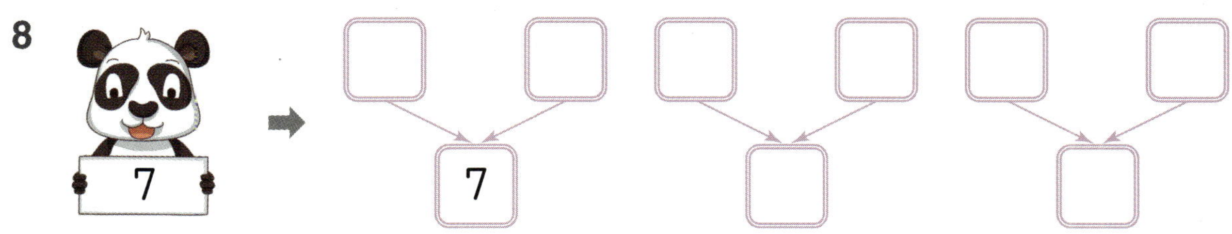

9
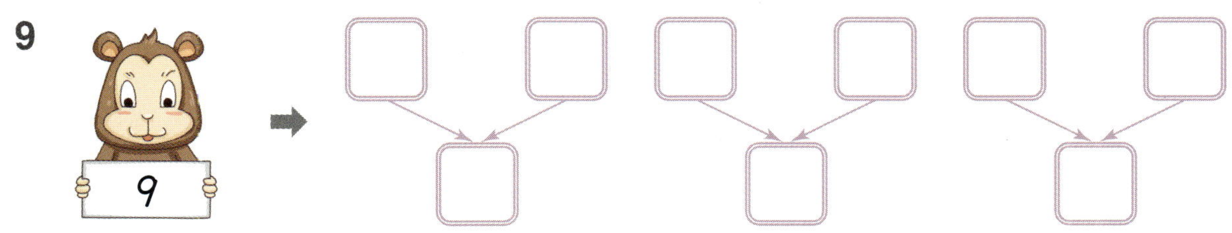

06 두 번 가르기와 모으기

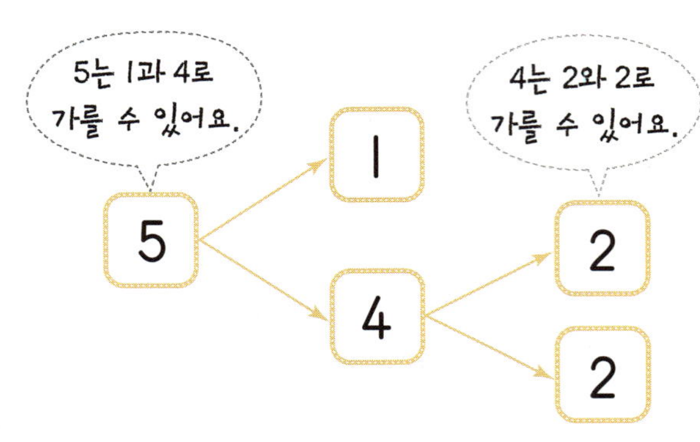

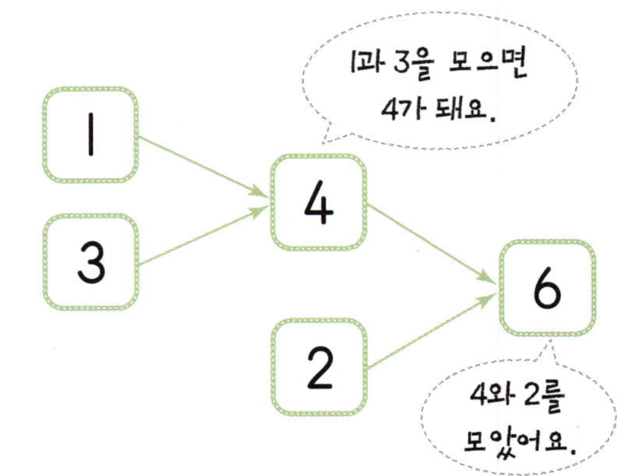

● 빈칸에 알맞은 수를 써넣으세요.

1

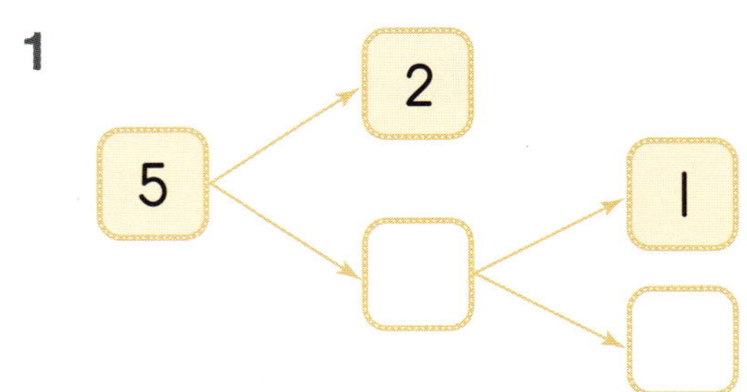

2

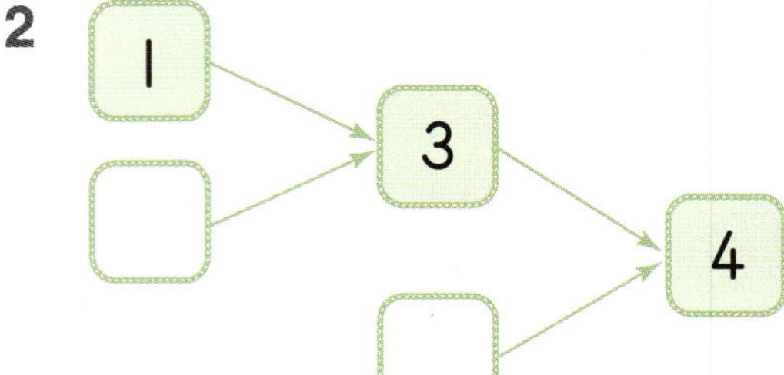

3

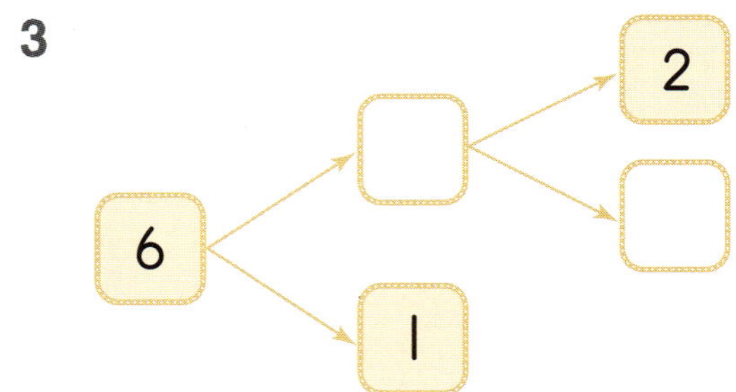

4

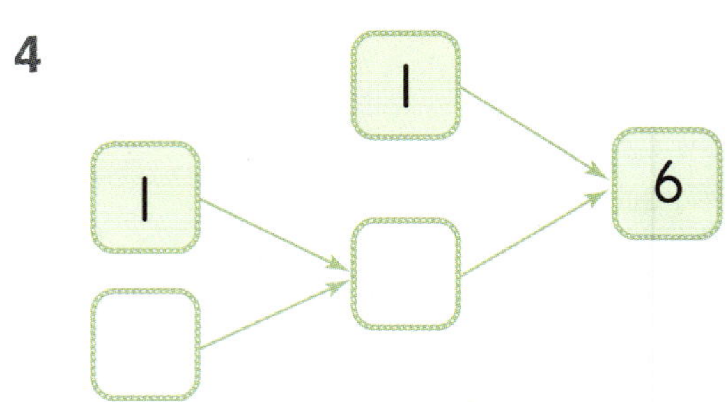

5

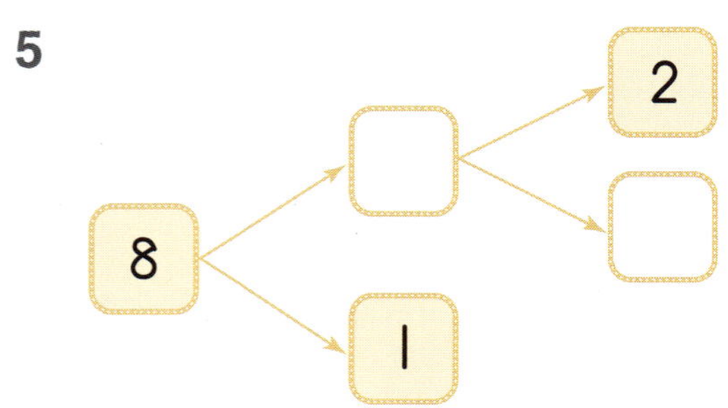

6

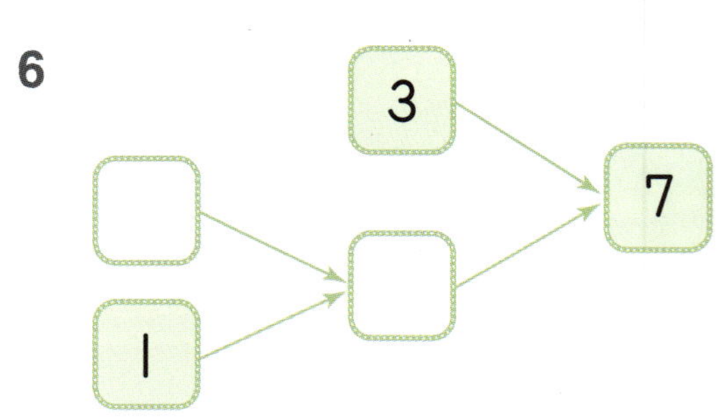

● 빈칸에 알맞은 수를 써넣으세요.

7
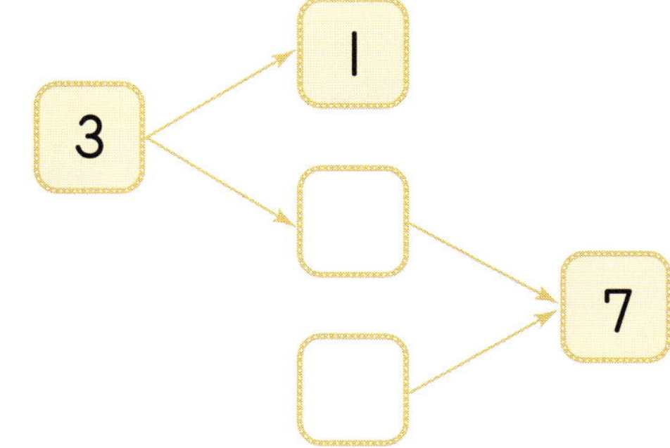

8
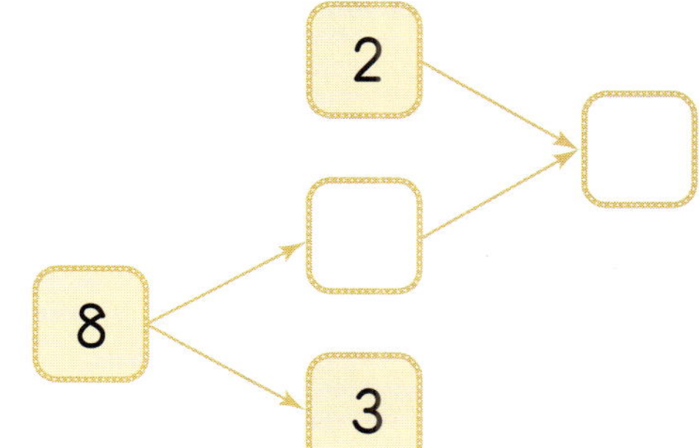

9
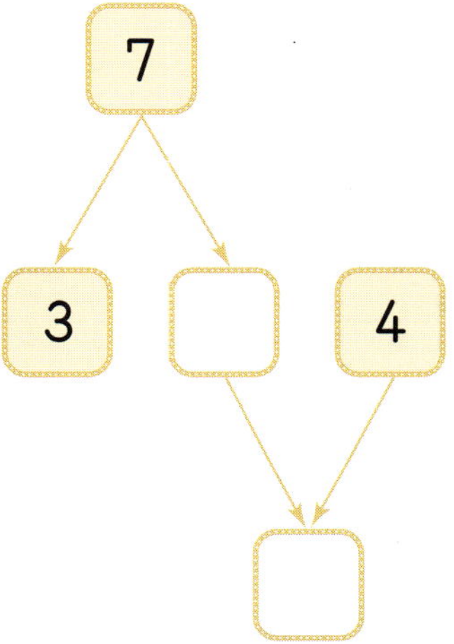

10
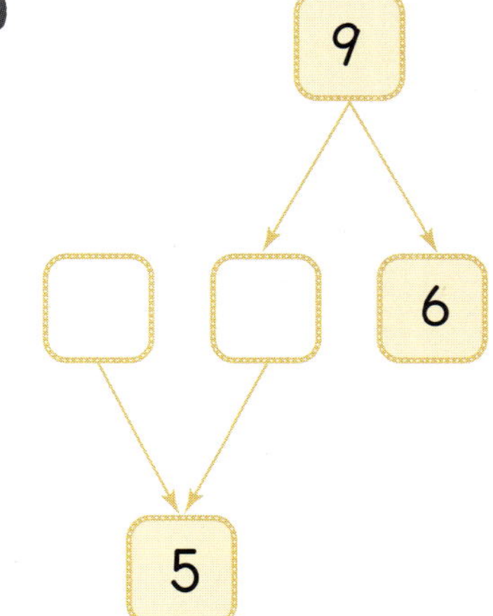

11
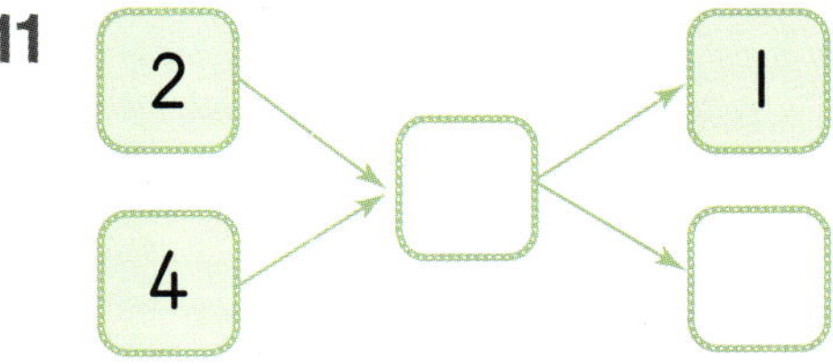

12

13

14
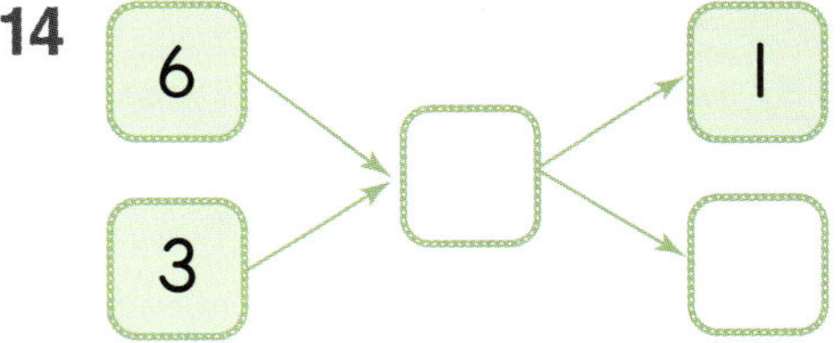

● 점의 수가 왼쪽의 수가 되도록 빈칸에 점을 그려 넣으세요.

1  (1) 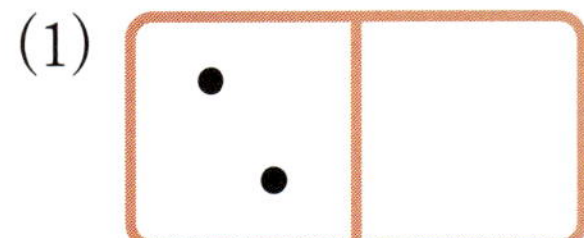 (2) 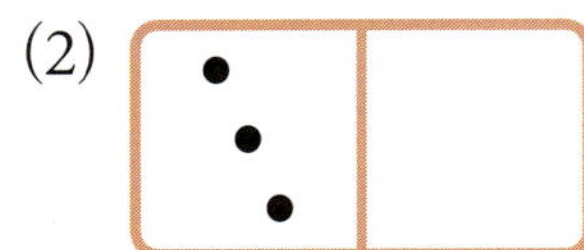 (3) 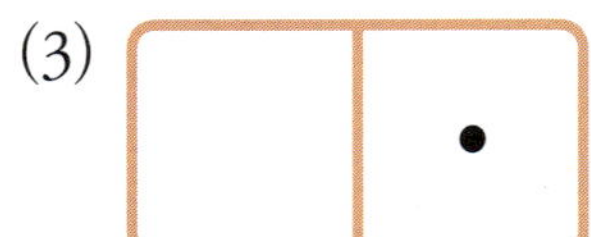

2 6 (1) 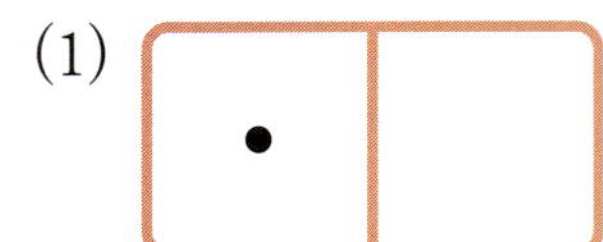 (2) 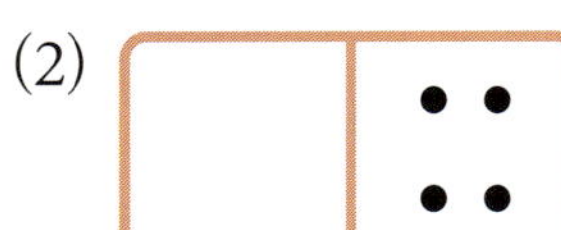 (3) 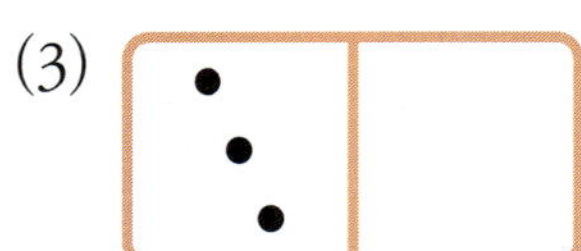

3 8 (1) 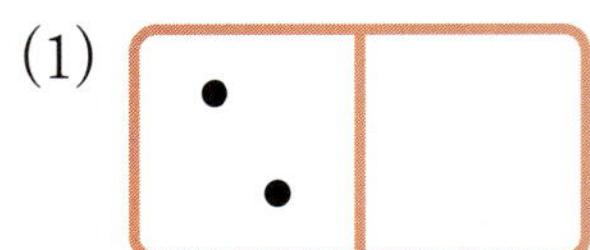 (2) 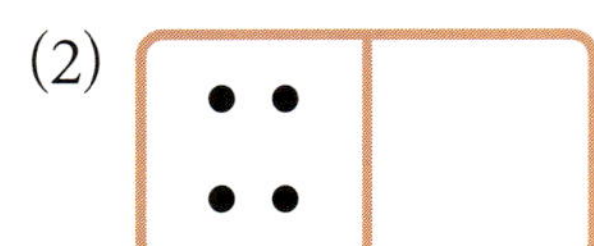 (3) 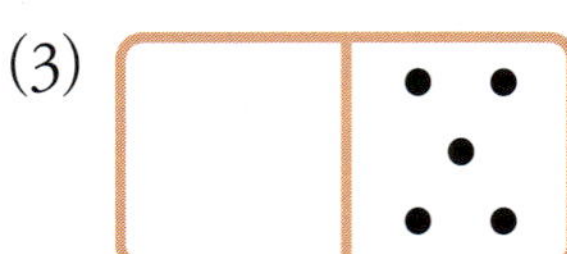

4 9 (1) 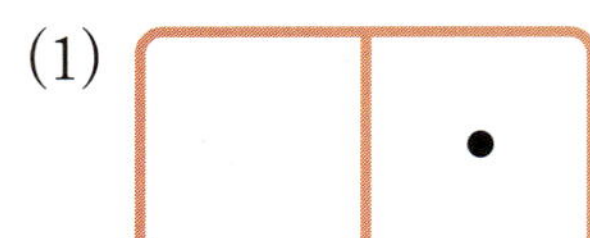 (2) 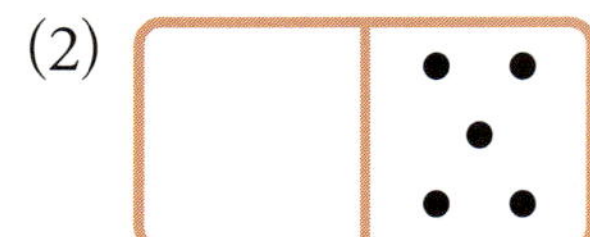 (3) 

● 모으기를 하면 ◯ 안의 수가 되는 두 수를 모두 찾아 ⬜ 또는 ⬜로 묶어 보세요.

5 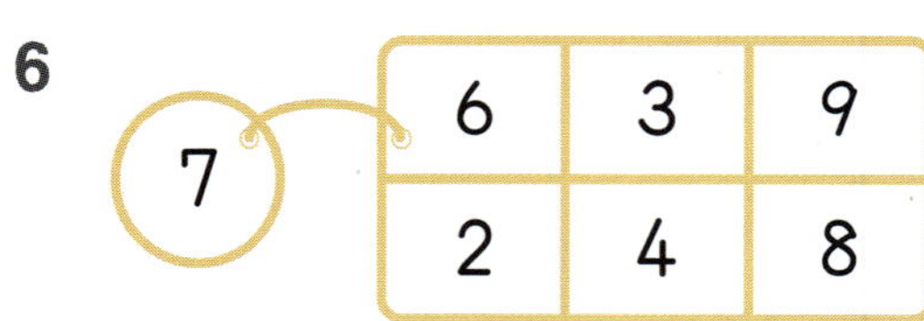

1	4	2
7	6	3

(5)

6 7

6	3	9
2	4	8

7 9

2	7	6
5	4	8

8 4

5	1	4
2	3	6

9 6

2	5	3
4	1	6

10 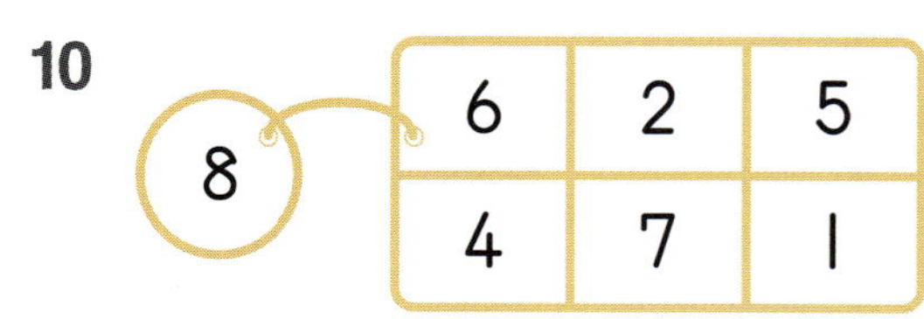 8

6	2	5
4	7	1

● 보기 와 같이 ◯ 안의 수를 양쪽의 두 수로 각각 가르기 해 보세요.

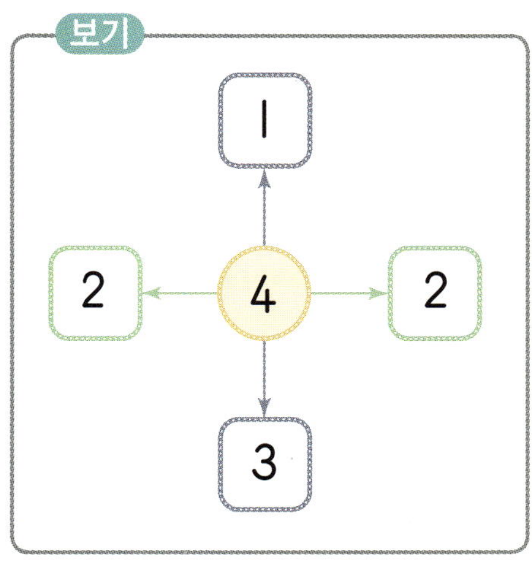

11 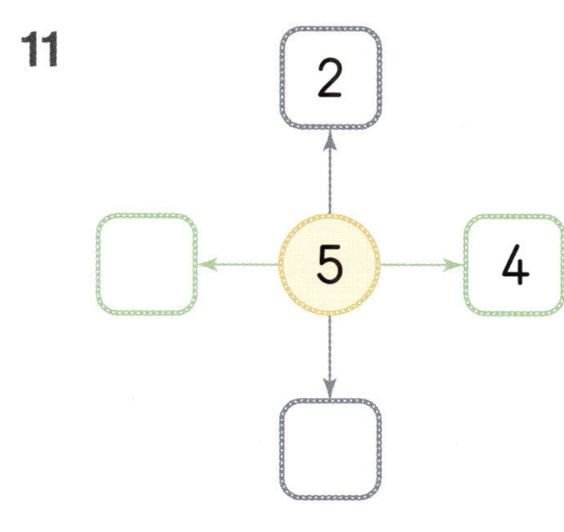

12

13 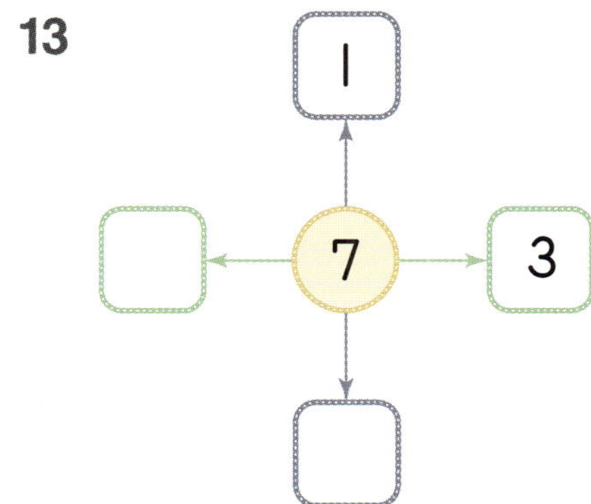

14

15 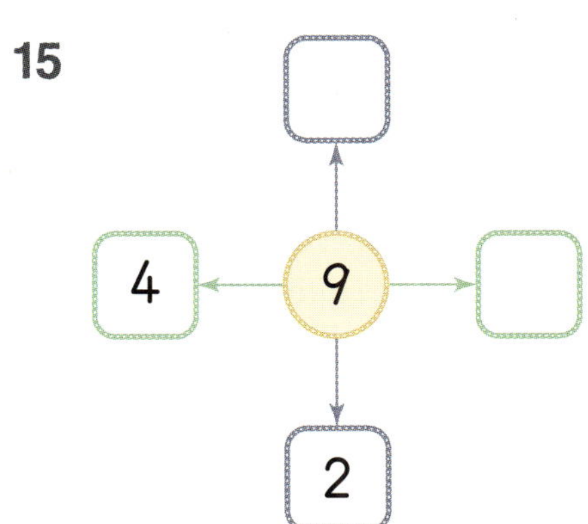

08 집중 연산 ❷

● 수를 가르기 하여 ⬜ 안에 알맞은 수를 써넣으세요.

1 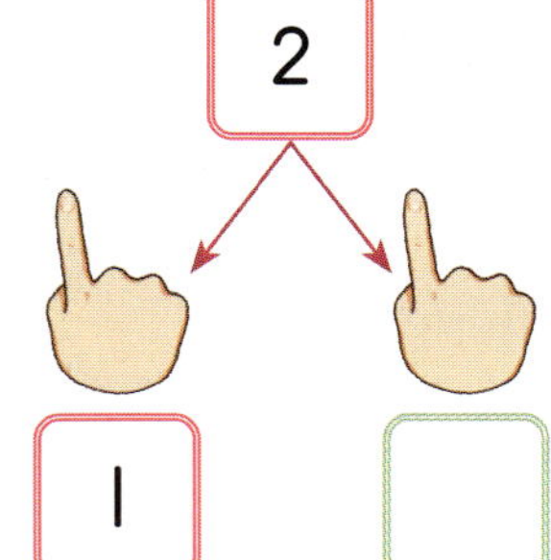

2 → 1, ⬜

2 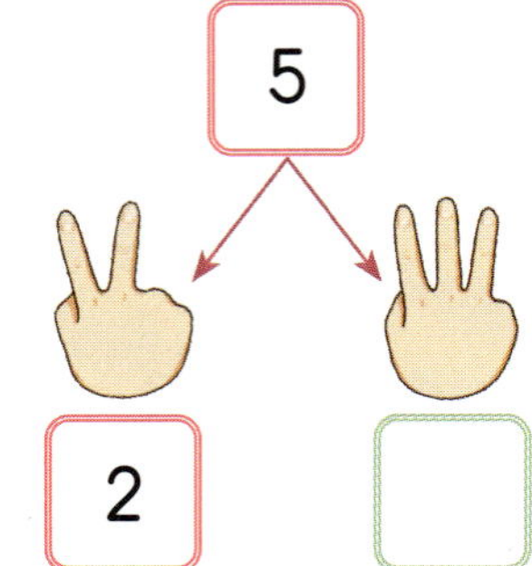

5 → 2, ⬜

3 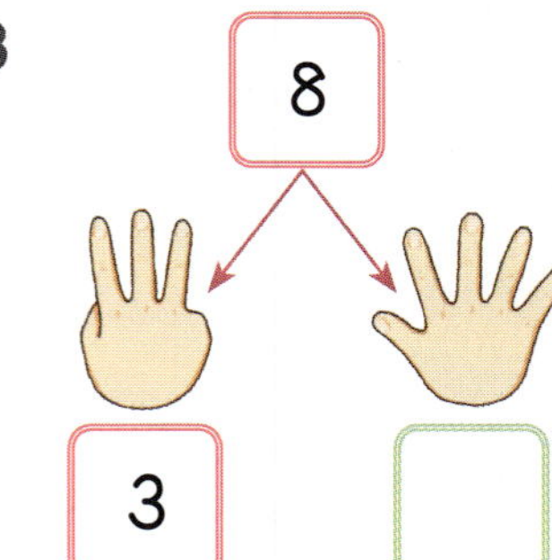

8 → 3, ⬜

4 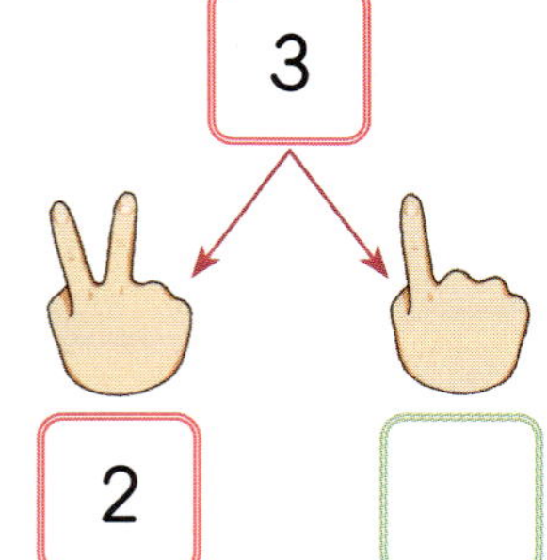

3 → 2, ⬜

5 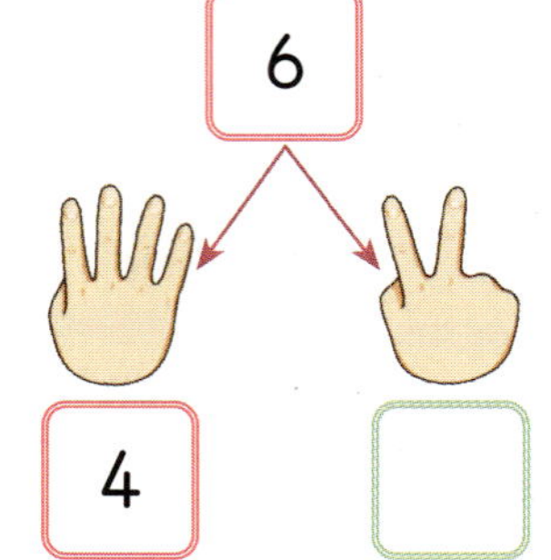

6 → 4, ⬜

6 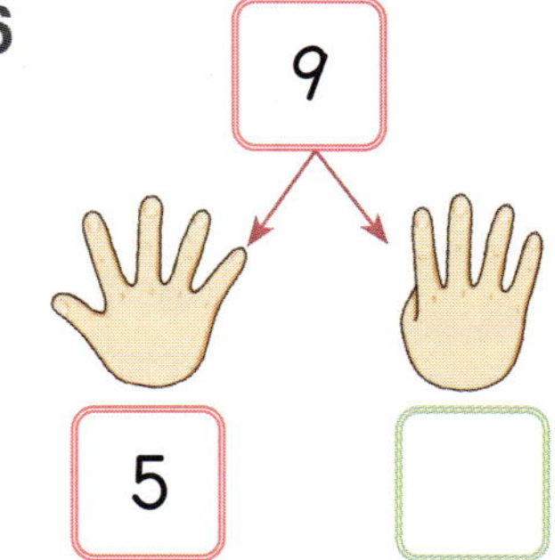

9 → 5, ⬜

7 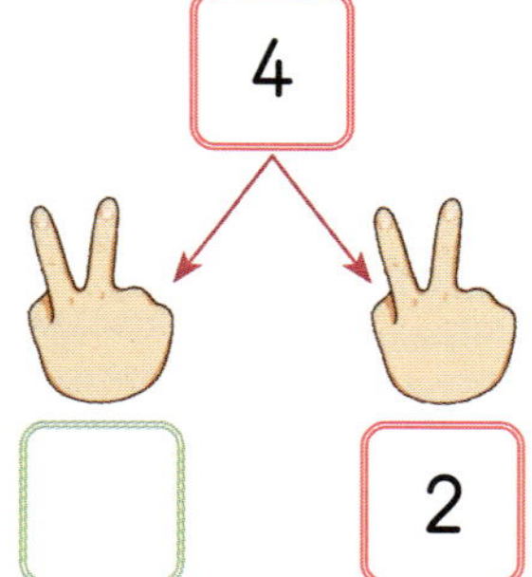

4 → ⬜, 2

8 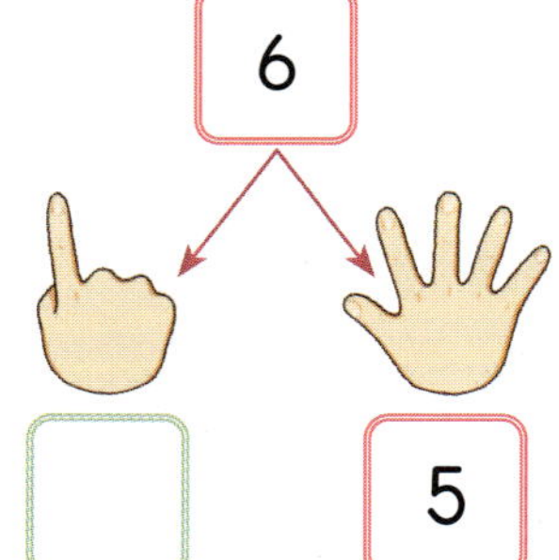

6 → ⬜, 5

9 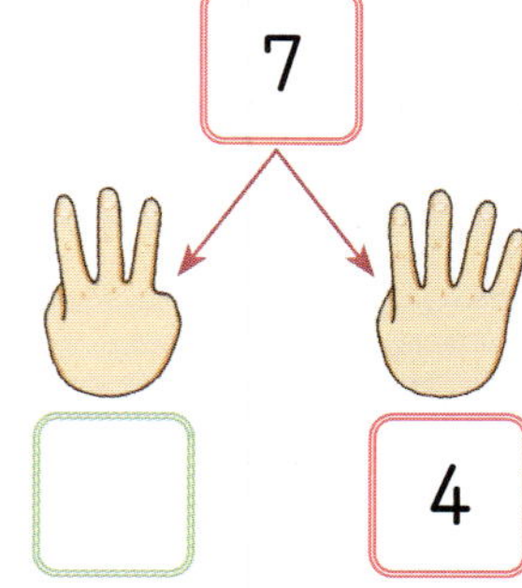

7 → ⬜, 4

10 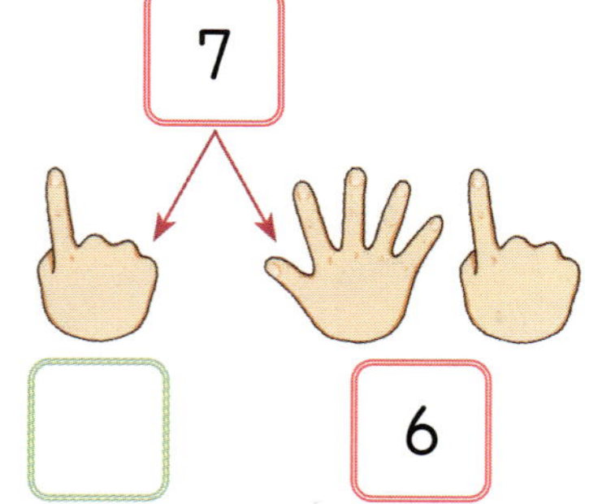

7 → ⬜, 6

11 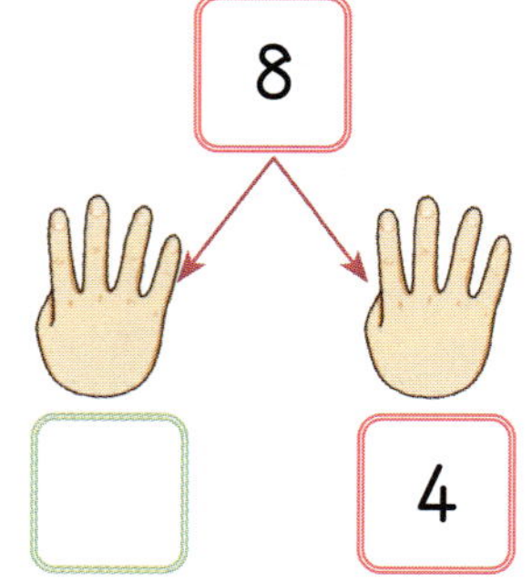

8 → ⬜, 4

12 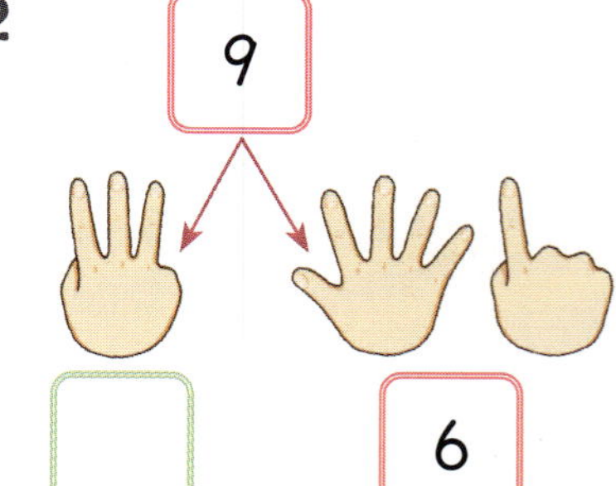

9 → ⬜, 6

● 두 수를 모으기 하여 빈칸에 알맞은 수를 써넣으세요.

13 

14 

15 

16 

17 

18 

19 

20 

21 

22 

23 

24 

09 집중 연산 ❸

● 빈칸에 알맞은 수를 써넣으세요.

1 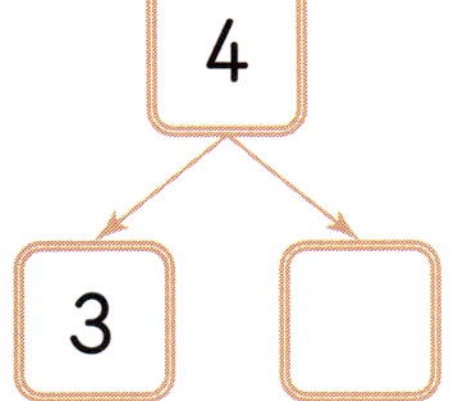

2 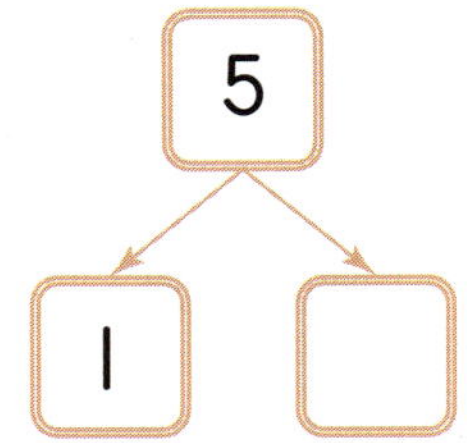

3 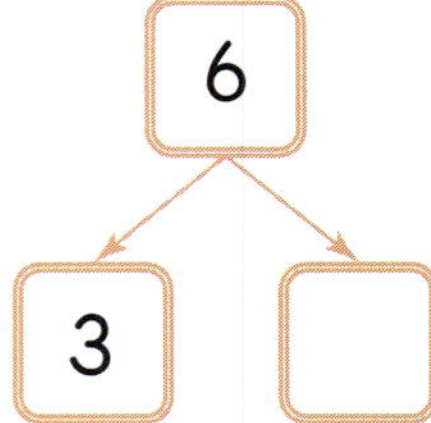

4 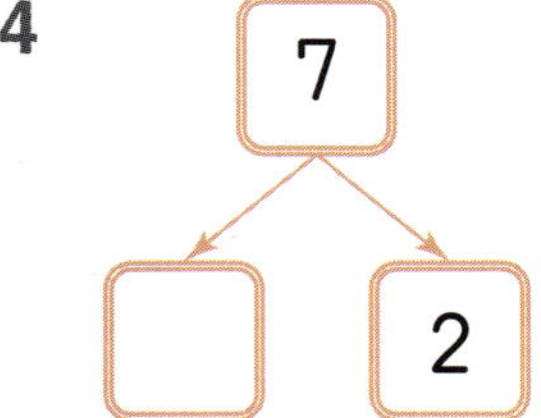

5 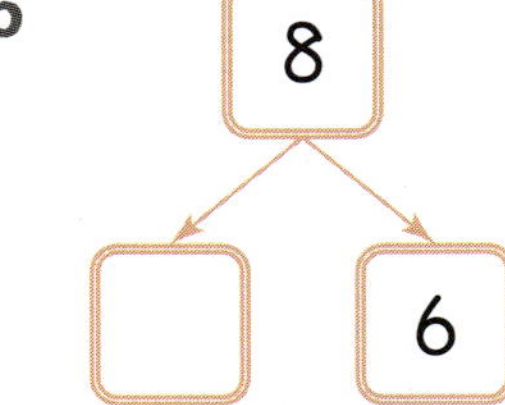

6 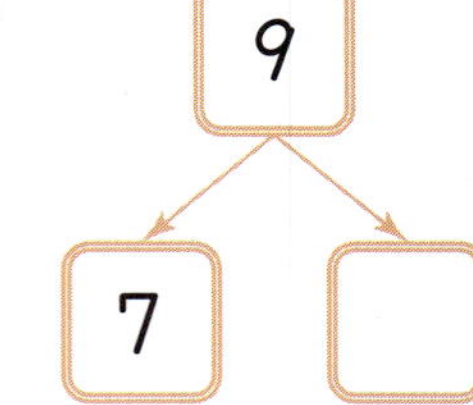

7 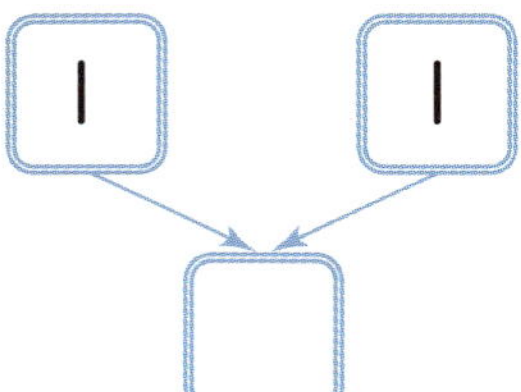

8 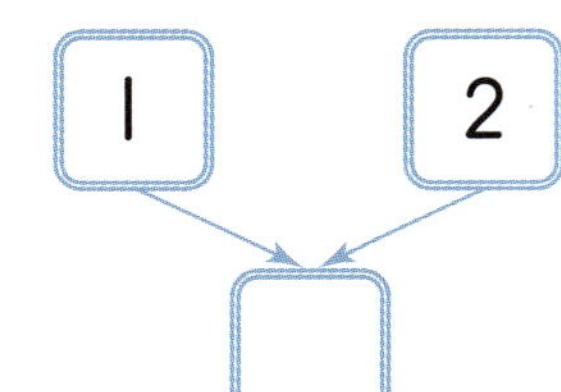

9 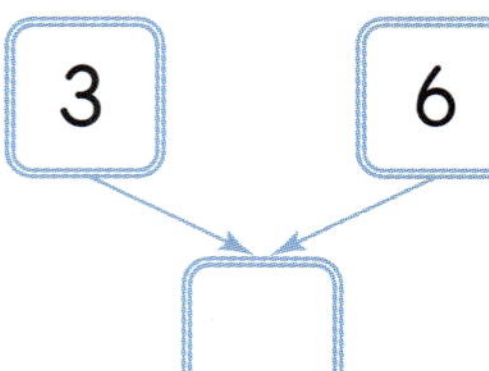

10 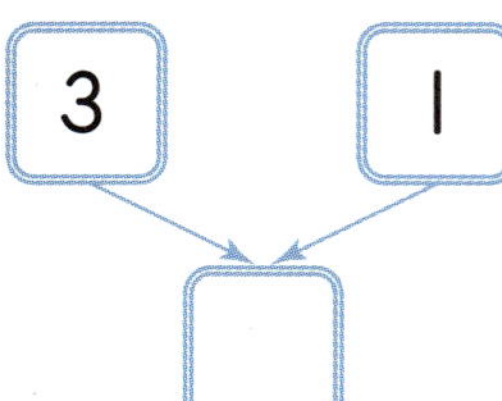

11 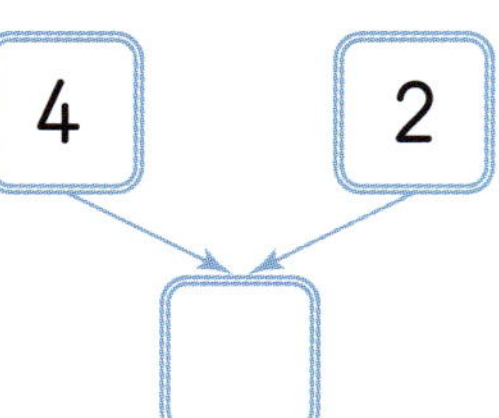

12 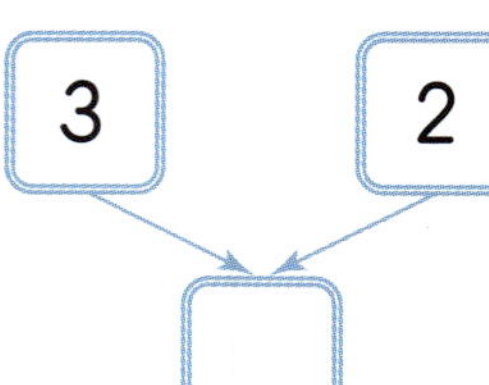

13 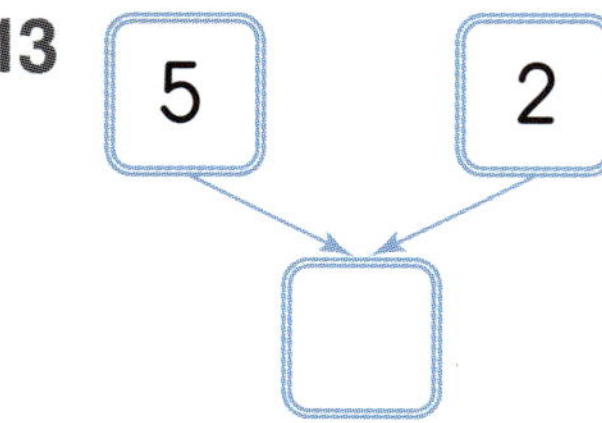

14 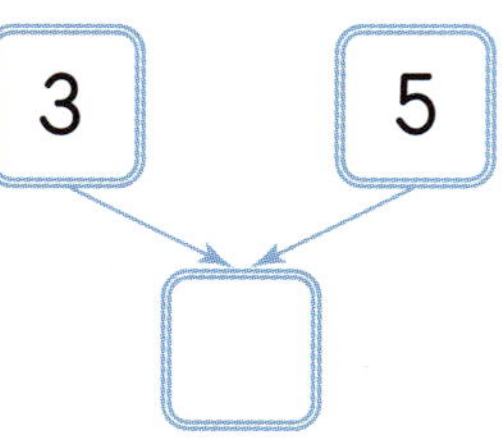

15 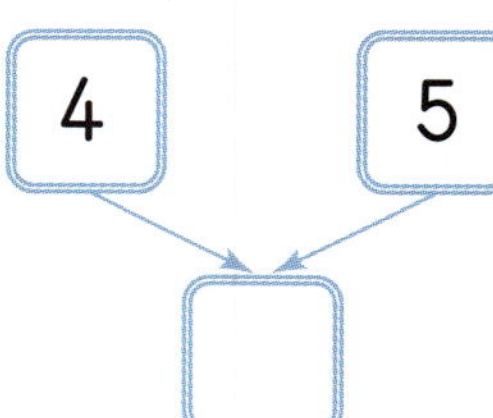

16 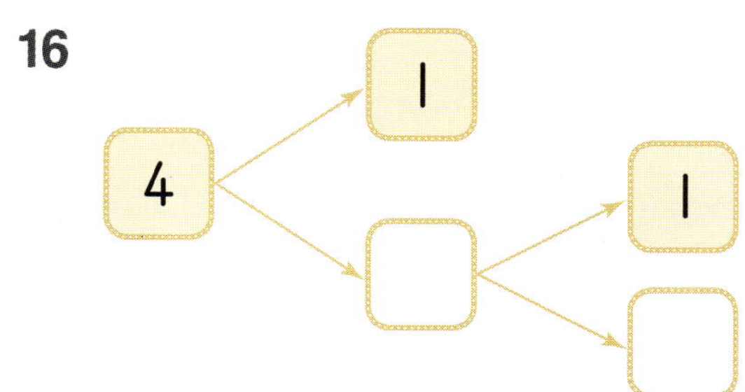

17 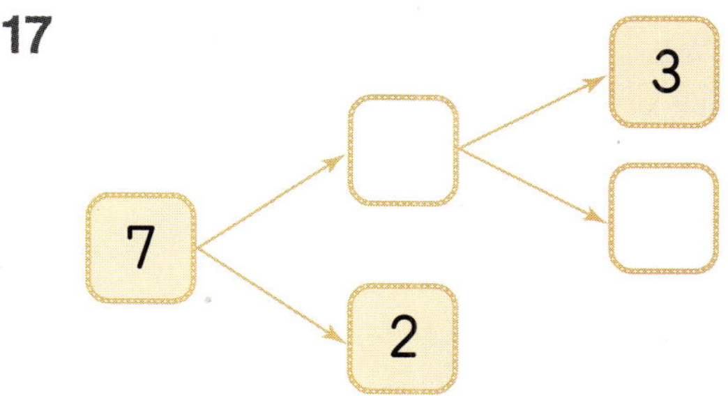

18 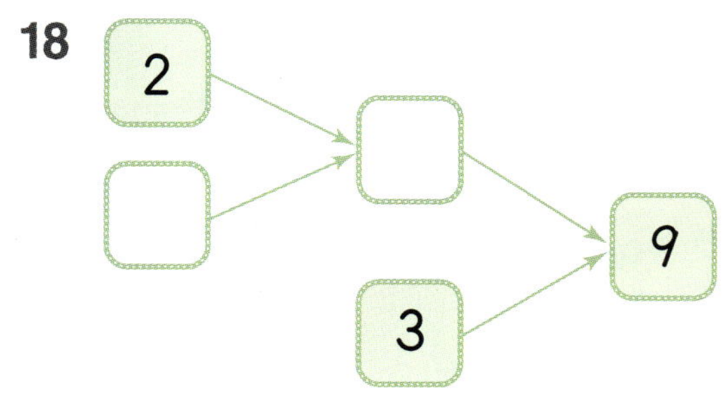

19 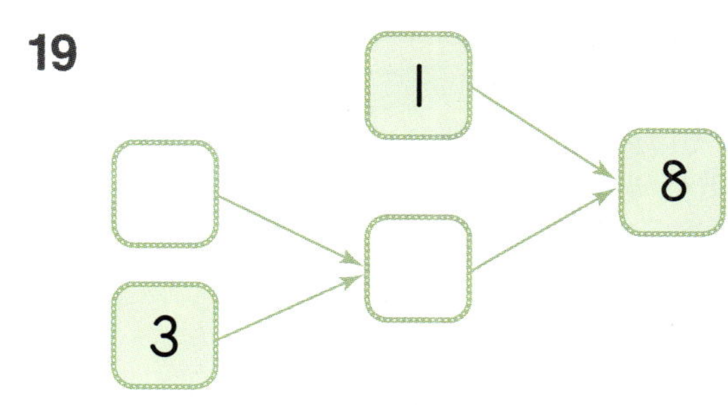

20 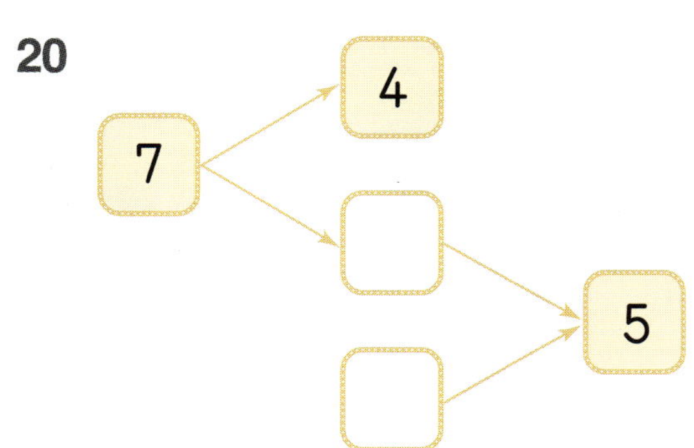

21 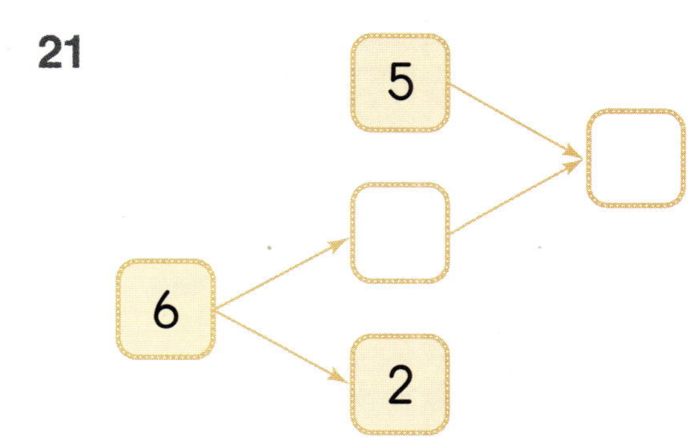

22 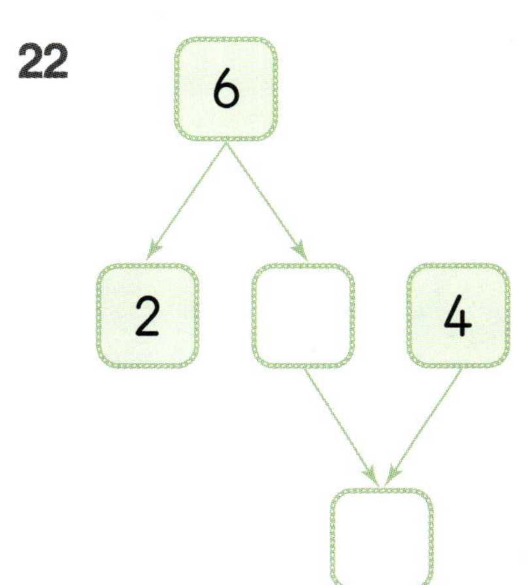

23 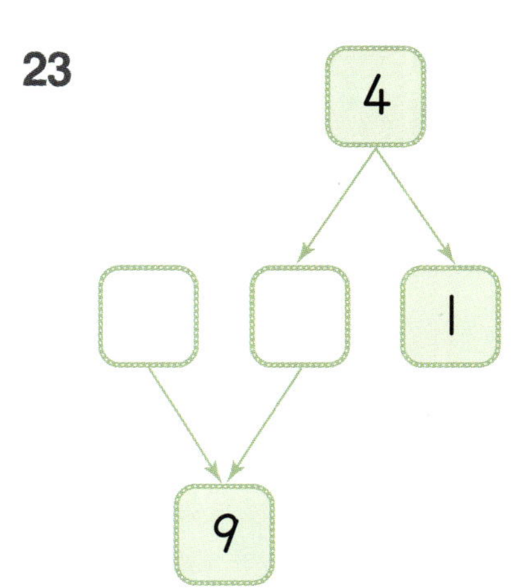

9까지의 수의 덧셈

화룡이 있는 불의 성의 위치를 알려줘! 내가 화룡을 무찌를게!
화룡을 무찌르러 가는 게 아니야.
다시 눈이 내릴 수 있게 부탁하러 가는 거라고~.
어? 왔다? 필립!! 어서 와~.
공주님!
다각
다각
공주님 말이구나. 안녕?
오!
반가워.
흥!
휙
윽! 지금 날 무시한 거야?
자! 이제 출발하자!
3에 1을 더하면 3+1=4. 우리는 넷이 되었어.
말이 멋지다!
왕자님! 저는요?
왕자님 미워요!
처
억!
우
와!
힝

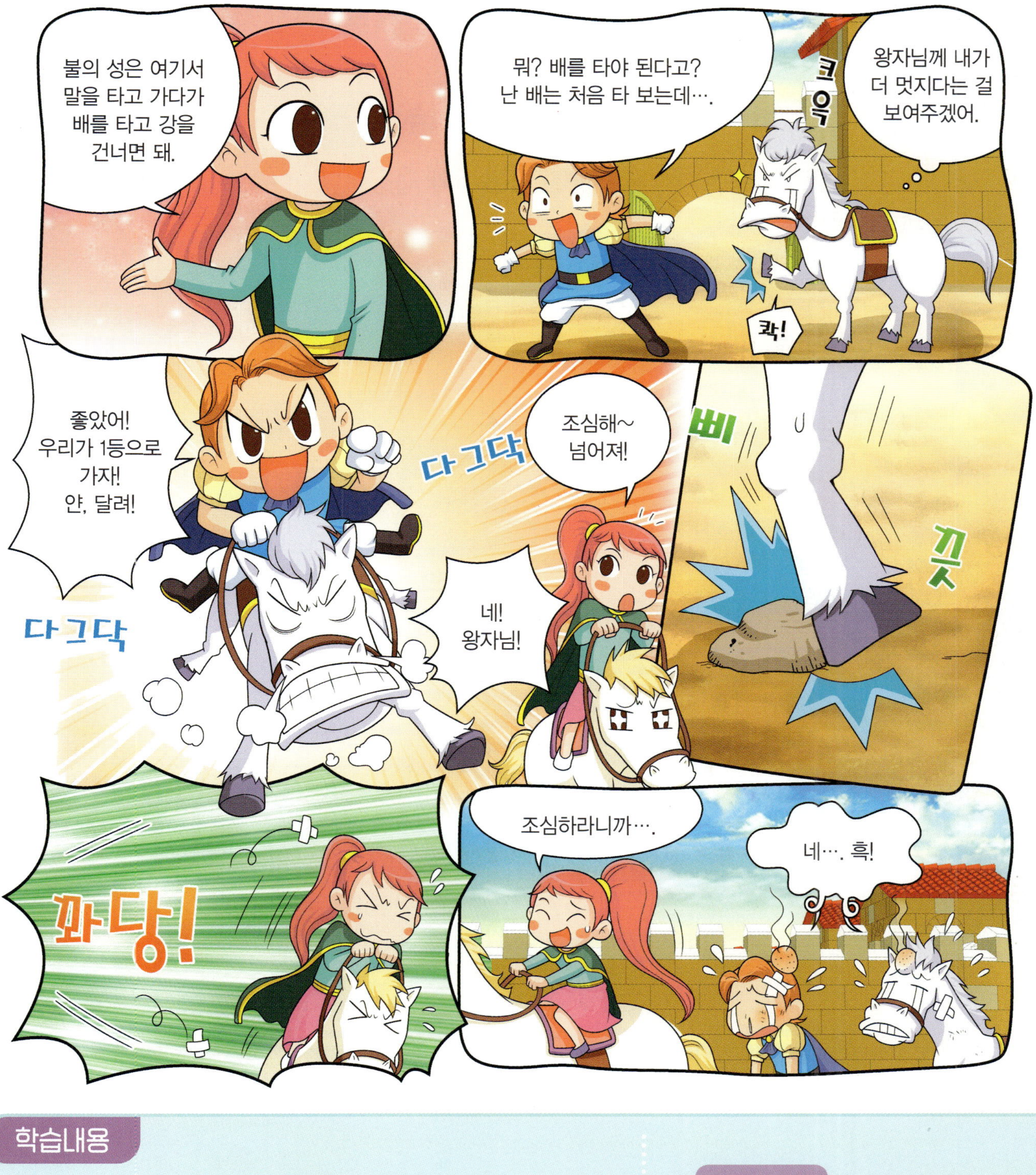

▶ 덧셈식 만들기
▶ 1~9까지 수의 덧셈
▶ 덧셈식에서 □ 구하기

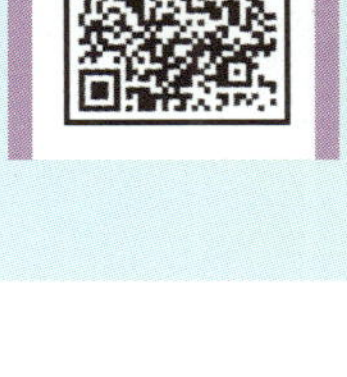

연산력 게임

스마트폰을 이용하여 QR을 찍으면 재미있는 연산 게임을 할 수 있습니다.

01 덧셈식 만들기

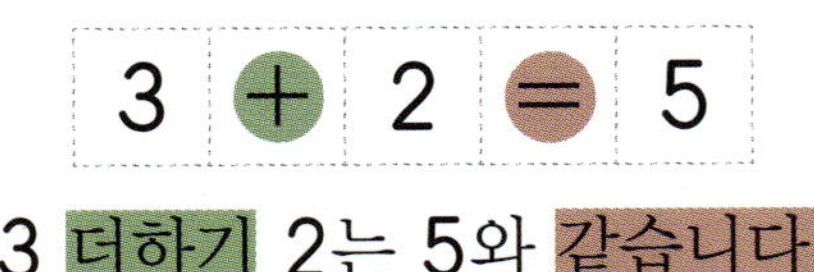

● 그림을 보고 덧셈식을 만들어 보세요.

1

| 1 | + | 3 | = | |

2

| 2 | | | | |

3

4

5

6

● 거북은 모두 몇 마리인지 덧셈식을 만들어 보세요.

7

2 + 4 =

8

9

10

● 고리는 모두 몇 개인지 덧셈식을 만들어 보세요.

11

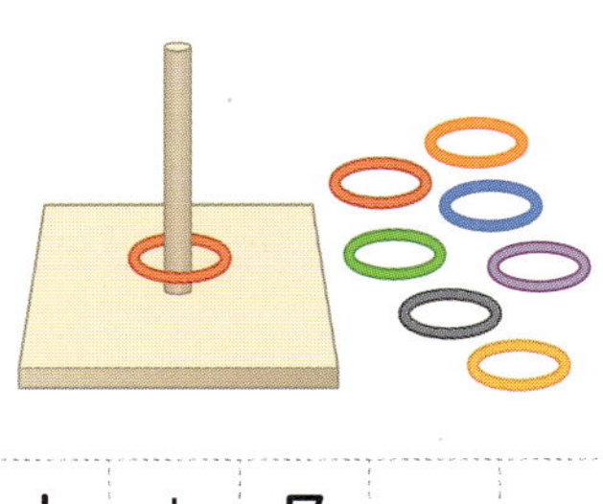

1 + 7 =

12

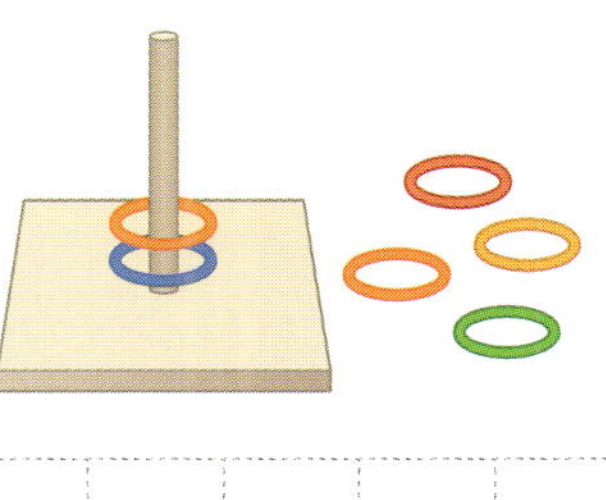

13

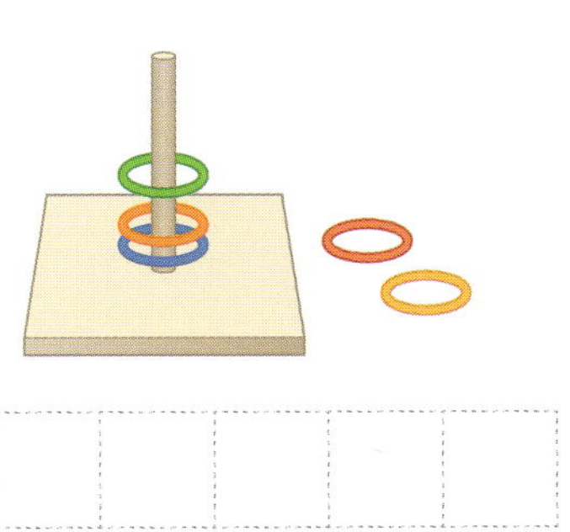

14

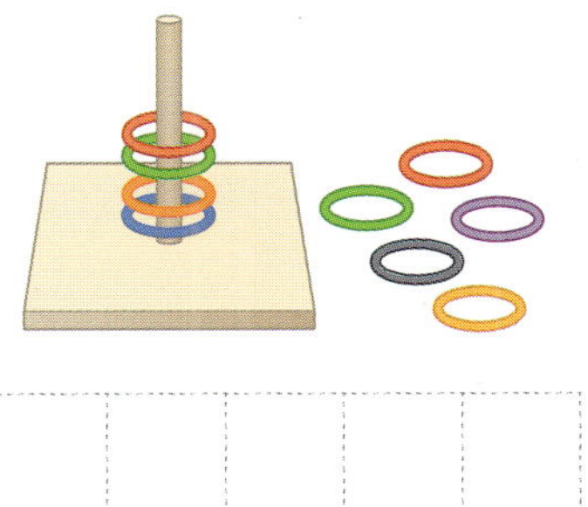

02 ㅣ~9까지 수의 덧셈 (1)

✚ 4+5의 가로셈

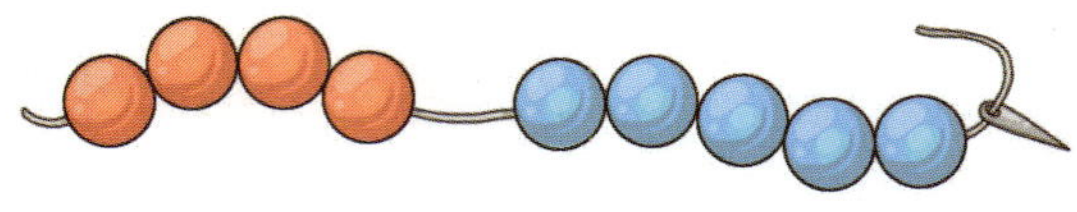

$$4 + 5 = 9$$

더한 결과

● 덧셈을 하세요.

1 5+0=☐

0+7=☐

2 0+1=☐

3+0=☐

3 2+5=☐

3+4=☐

4 2+2=☐

2+3=☐

5 3+6=☐

3+5=☐

6 4+4=☐

5+3=☐

7 1+6=☐

3+4=☐

8 2+7=☐

1+8=☐

9 6+2=☐

7+1=☐

● 동물원에 있는 동물의 수입니다. 모두 몇 마리인지 덧셈식으로 나타내 보세요.

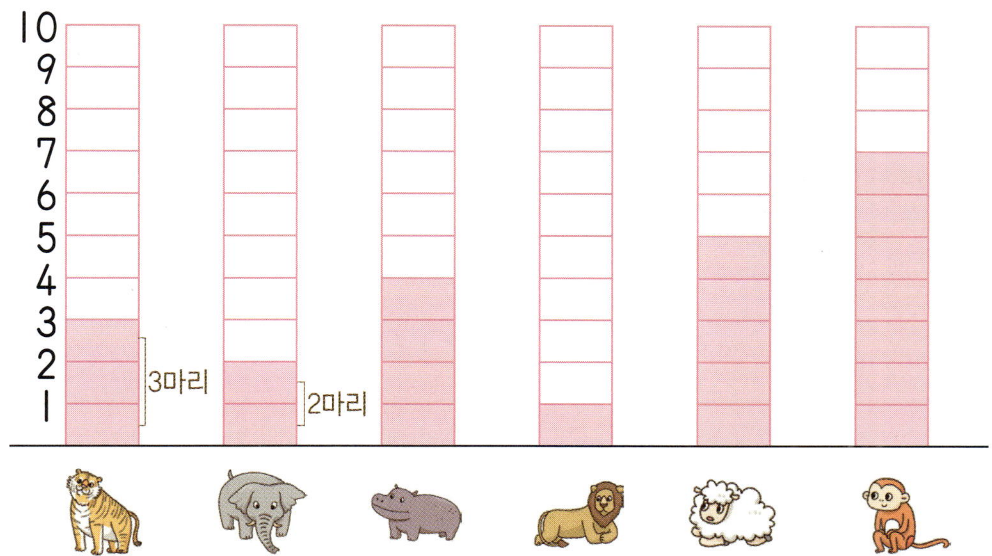

10 와 는 모두 몇 마리일까요?

$$3 + 4 = \boxed{}$$

11 와 은 모두 몇 마리일까요?

12 와 는 모두 몇 마리일까요?

13 와 은 모두 몇 마리일까요?

14 와 는 모두 몇 마리일까요?

15 와 는 모두 몇 마리일까요?

16 와 은 모두 몇 마리일까요?

17 와 는 모두 몇 마리일까요?

03 1~9까지 수의 덧셈 (2)

✛ 4+5의 세로셈

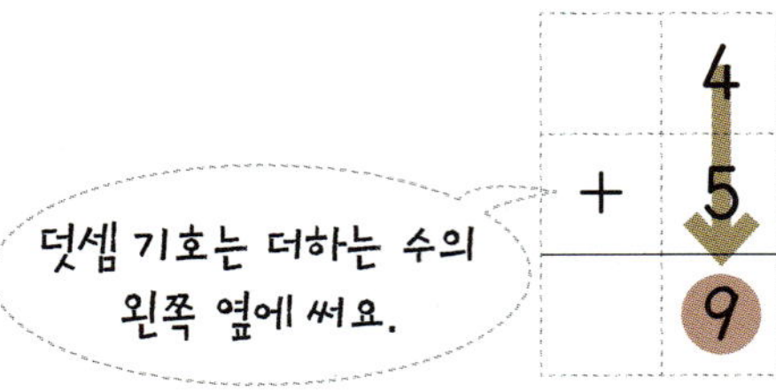

● 덧셈을 하세요.

1
```
    2
+   3
─────
```

2
```
    1
+   6
─────
```

3
```
    5
+   2
─────
```

4
```
    9
+   0
─────
```

5
```
    4
+   2
─────
```

6
```
    6
+   3
─────
```

7
```
    7
+   1
─────
```

8
```
    0
+   3
─────
```

9
```
    2
+   2
─────
```

10
```
    1
+   2
─────
```

11
```
    3
+   4
─────
```

12
```
    4
+   4
─────
```

● 수가 순서대로 쓰여 있는 숫자판이 있습니다. 숫자판 위에 말이 놓인 곳의 수와 도미노의 점의 수를 덧셈식으로 나타내 보세요.

13 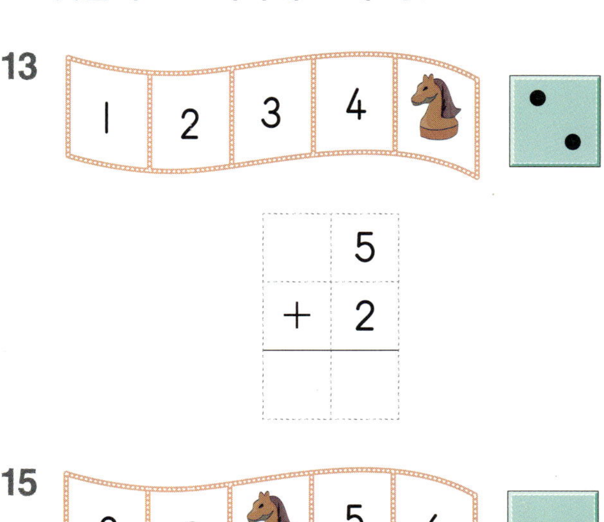

```
    5
 +  2
```

14 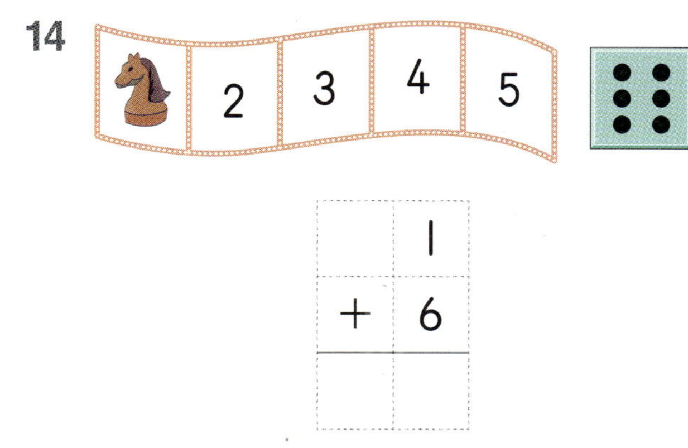

```
    1
 +  6
```

15 

16 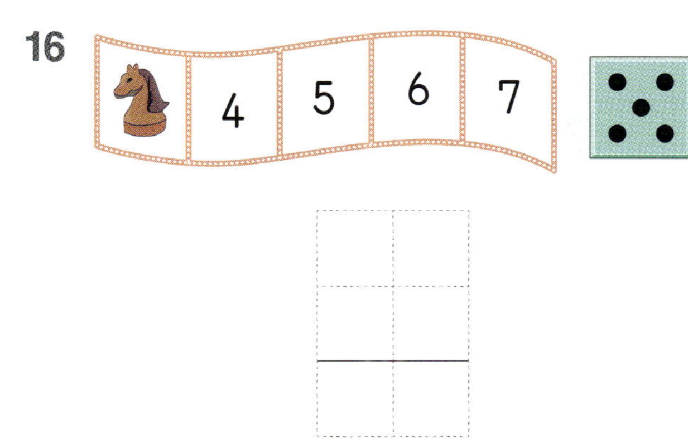

17 

18 

19 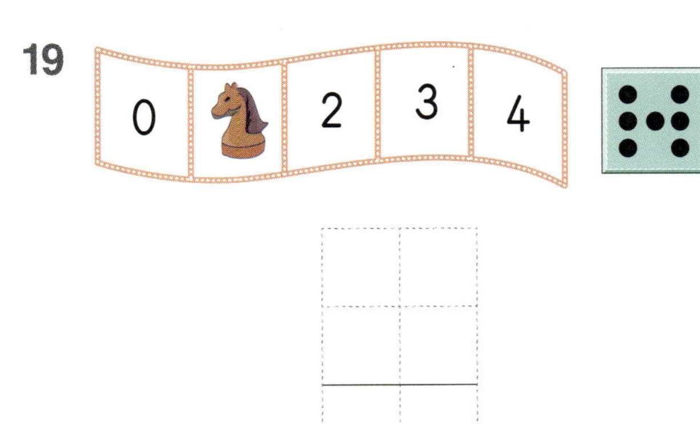

20 

04 1~9까지 수의 덧셈 (3)

❖ 모두 몇 개인지 구하기

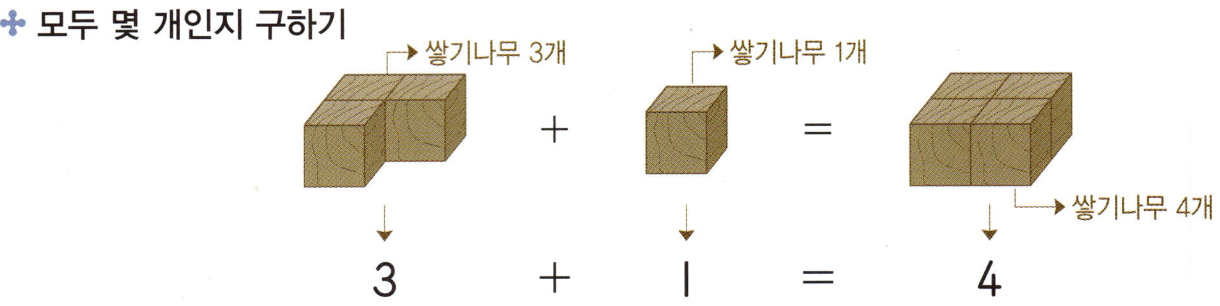

● 쌀기나무의 수는 모두 몇 개인지 구하세요.

1

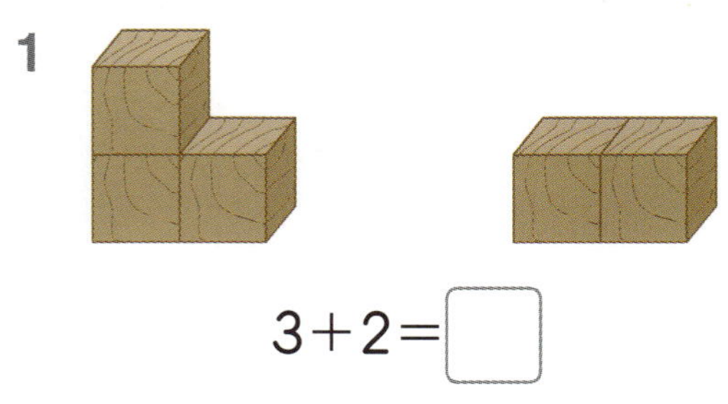

$3+2=\boxed{}$

2

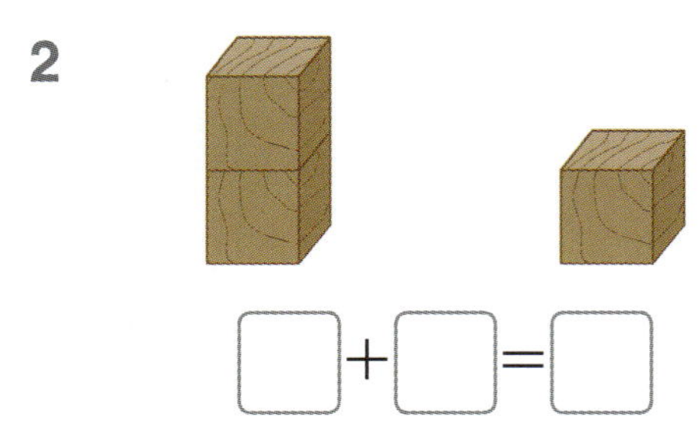

$\boxed{}+\boxed{}=\boxed{}$

3

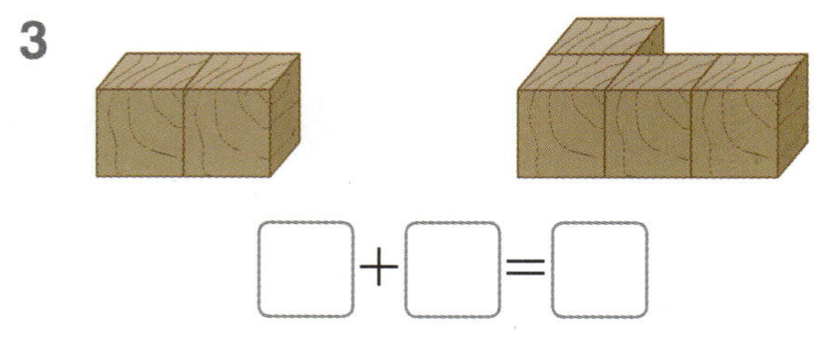

$\boxed{}+\boxed{}=\boxed{}$

4

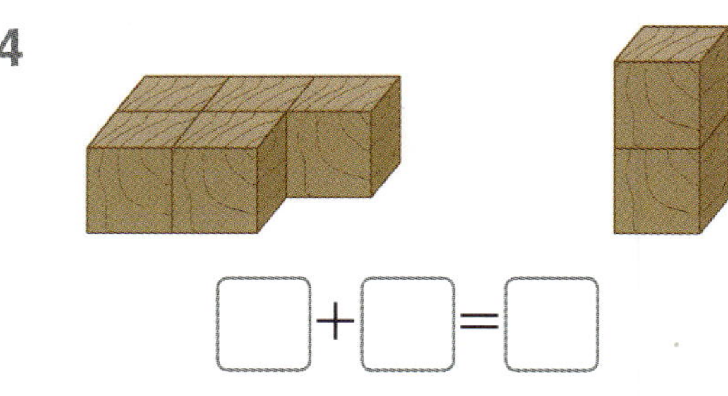

$\boxed{}+\boxed{}=\boxed{}$

5

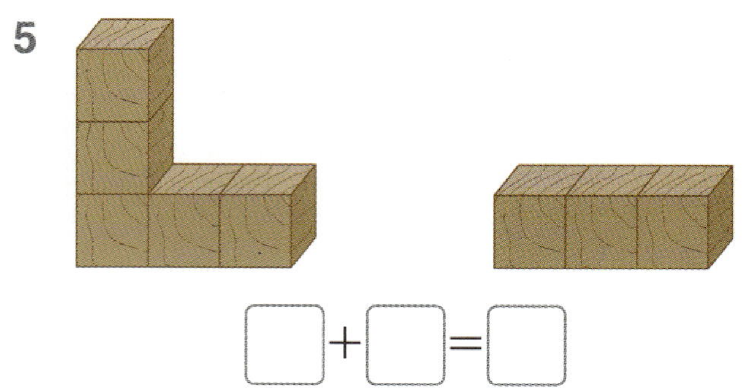

$\boxed{}+\boxed{}=\boxed{}$

6

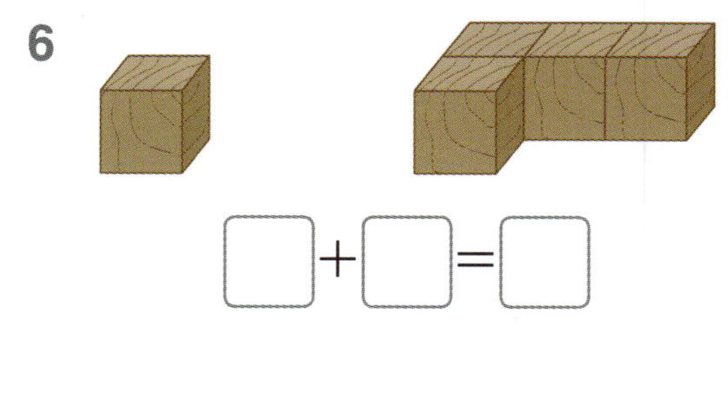

$\boxed{}+\boxed{}=\boxed{}$

● 다트 던지기 놀이를 하였습니다. 보기 와 같이 몇 점을 받았는지 구하세요.

7 성재

8 신혁

9 미연

10 혜진

11 지훈

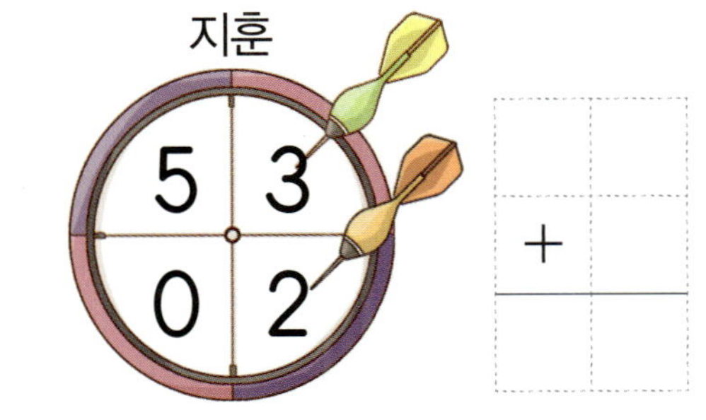

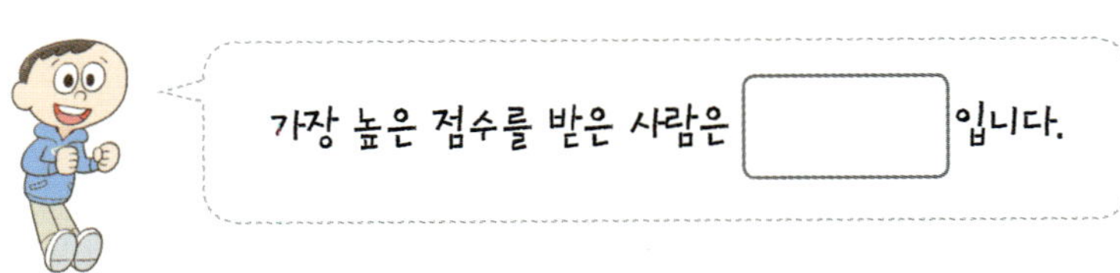
가장 높은 점수를 받은 사람은 [ ] 입니다.

05 덧셈식에서 □ 구하기 (1)

✤ 3+□=5에서 □ 구하기

● 주머니 속에 들어 있는 공의 수를 구하세요.

1

1+□=3

1에 어떤 수를 더해야
3이 될까요?

2

2+□=4

3

5+□=6

4

2+□=2

5

4+□=7

6

3+□=5

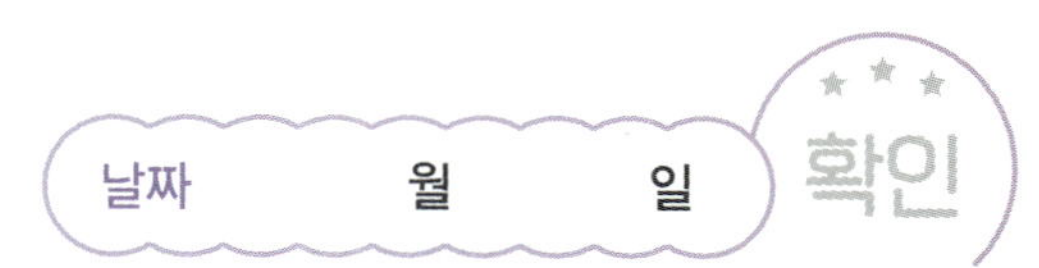

● 구슬 수가 되도록 ☐ 안에 알맞은 수를 써넣으세요.

7

$1 + \boxed{} = 3$

$0 + \boxed{} = 3$

8

$3 + \boxed{} = 4$

$1 + \boxed{} = 4$

9

$2 + \boxed{} = 5$

$0 + \boxed{} = 5$

10

$6 + \boxed{} = 6$

$4 + \boxed{} = 6$

11

$0 + \boxed{} = 7$

$2 + \boxed{} = 7$

12

$5 + \boxed{} = 9$

$6 + \boxed{} = 9$

13

$4 + \boxed{} = 8$

$7 + \boxed{} = 8$

✚ □＋3＝5에서 □ 구하기

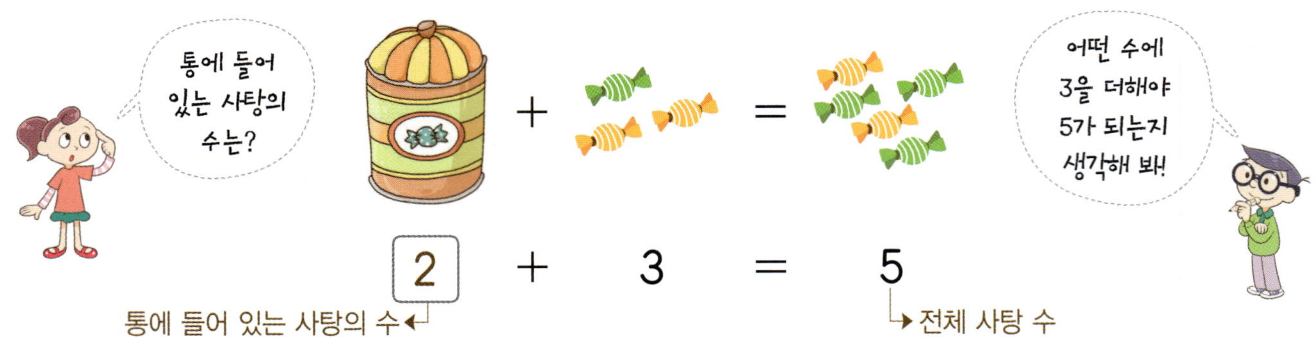

● 통에 들어 있는 사탕의 수를 구하세요.

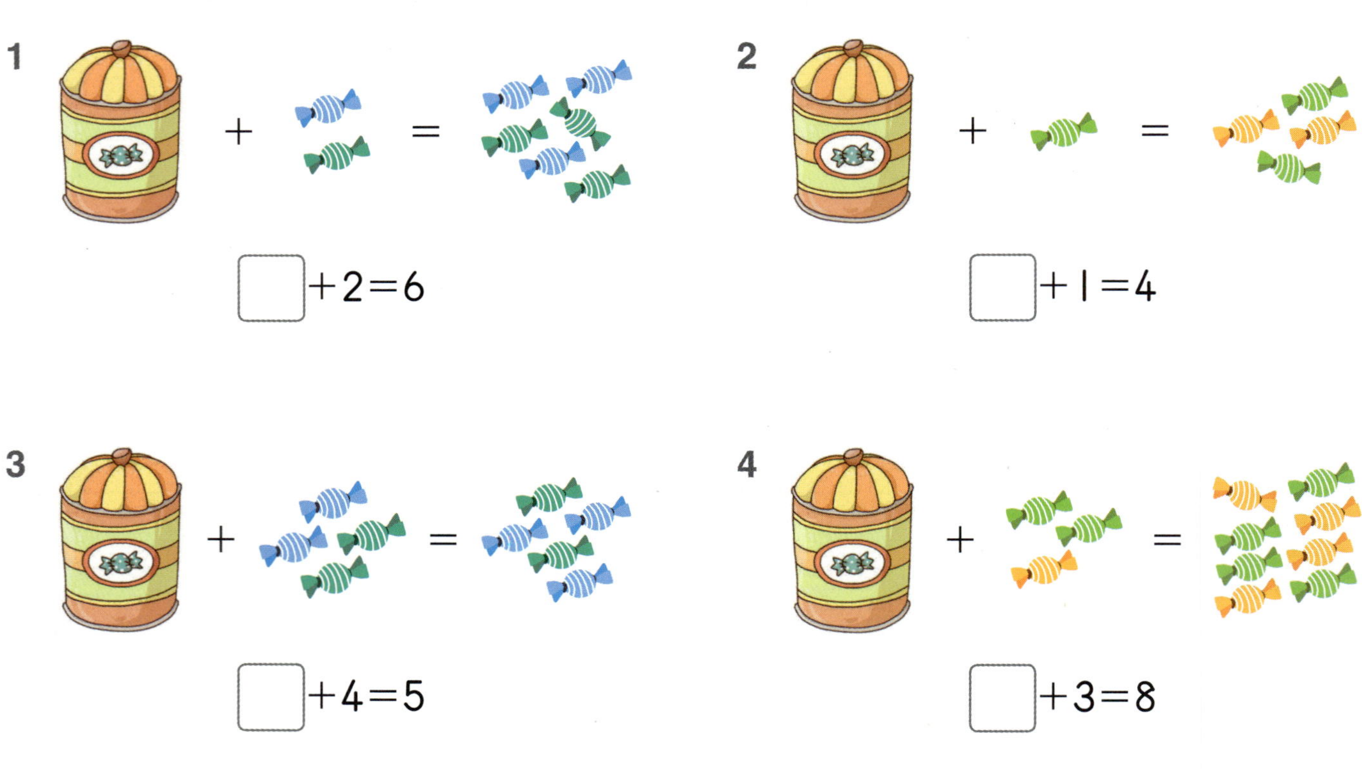

1

□＋2＝6

2

□＋1＝4

3

□＋4＝5

4

□＋3＝8

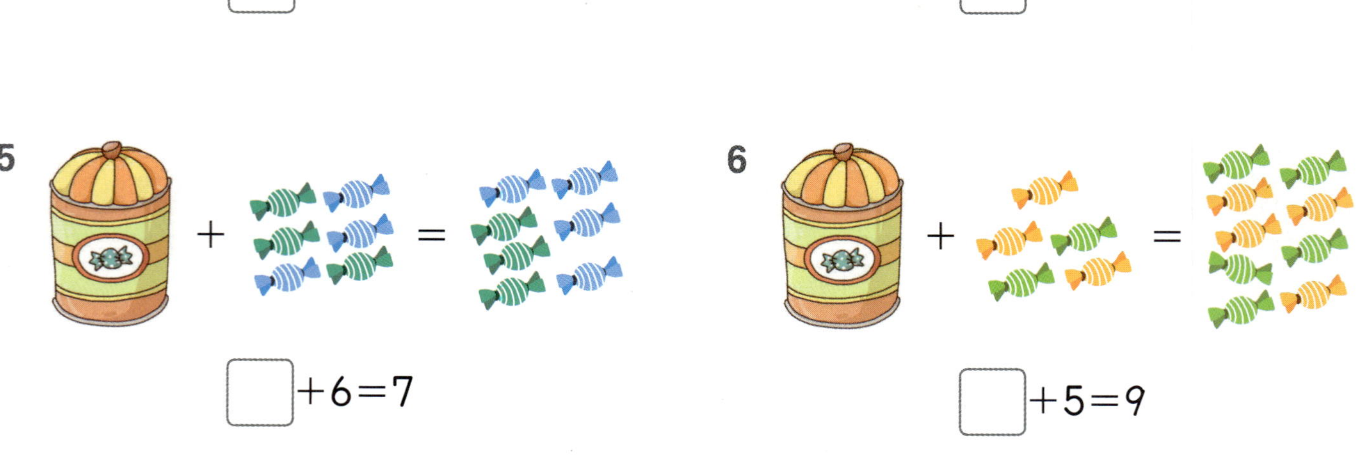

5

□＋6＝7

6

□＋5＝9

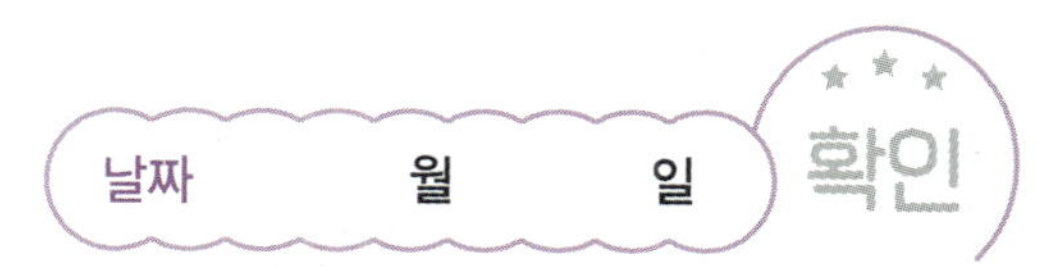

● 주황색 블록의 수를 구하세요.

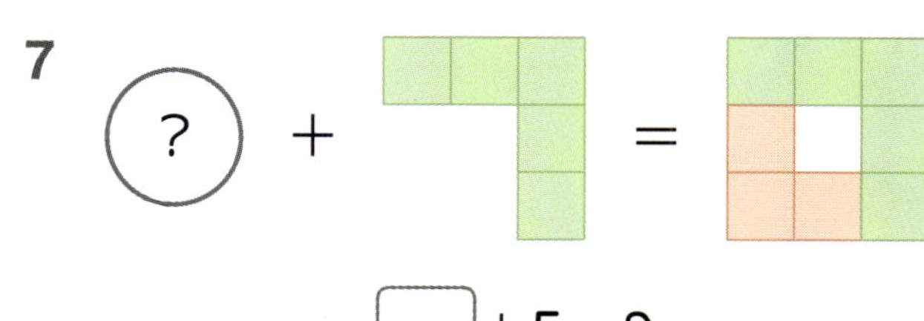

7 ? + =

$\square$+5=8

8 ? + =

$\square$+3=5

9 ? + =

$\square$+2=7

10 ? + =

$\square$+1=4

11 ? + =

$\square$+3=5

12 ? + =

$\square$+4=5

13 ? + =

$\square$+4=4

14 ? + =

$\square$+3=8

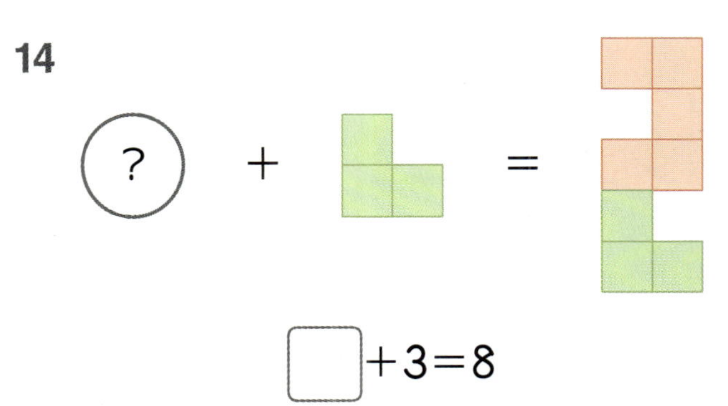

● 보기 와 같이 위에서 아래로, 왼쪽에서 오른쪽으로 두 수를 더해 보세요.

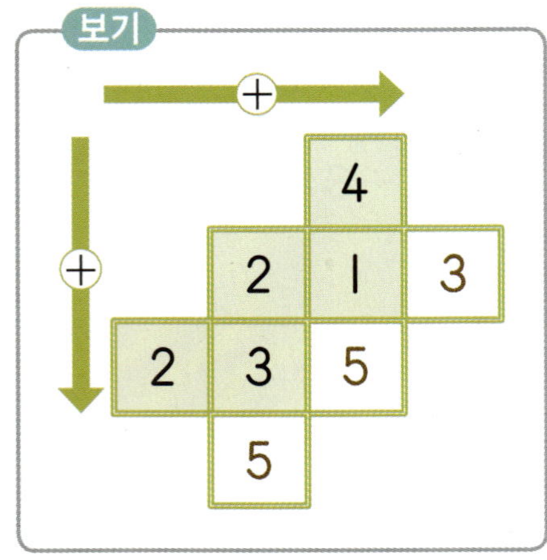

1

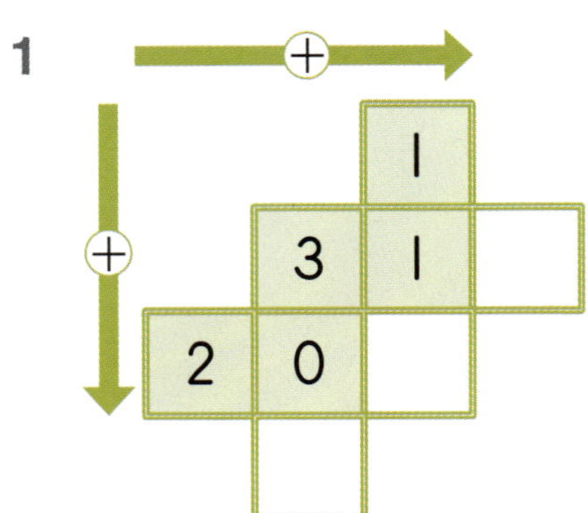

2

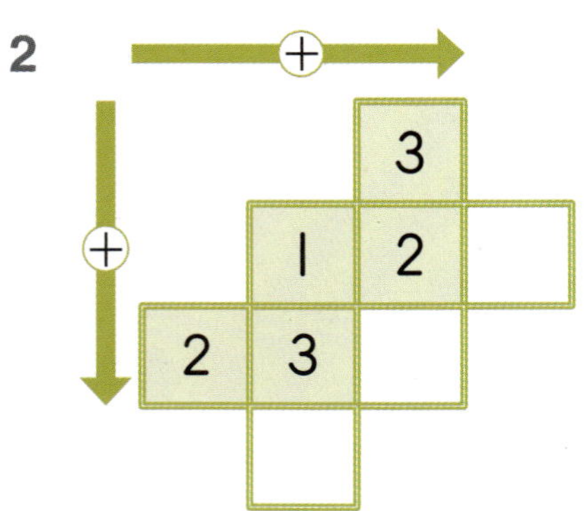

3

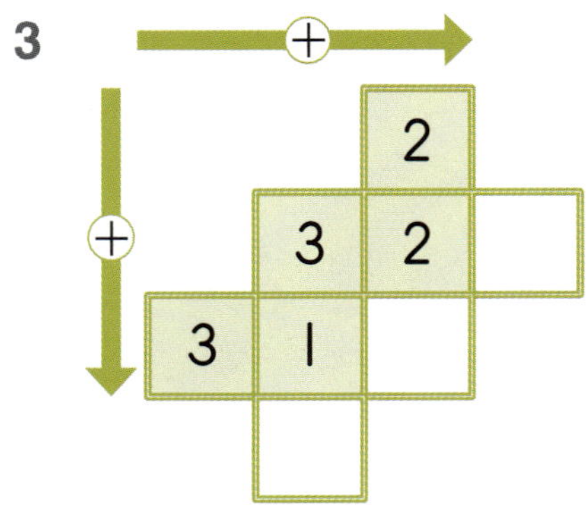

4

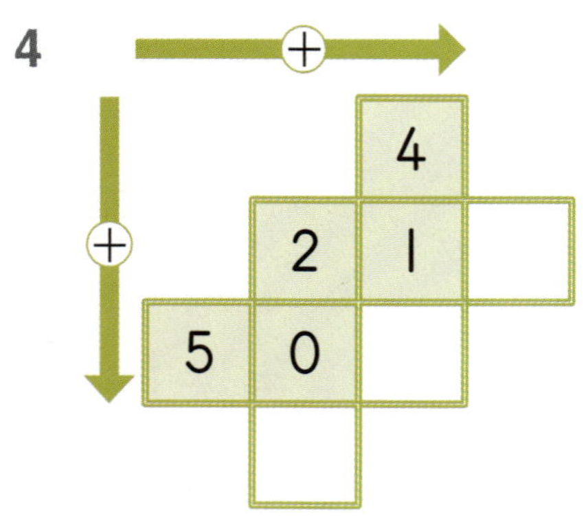

5

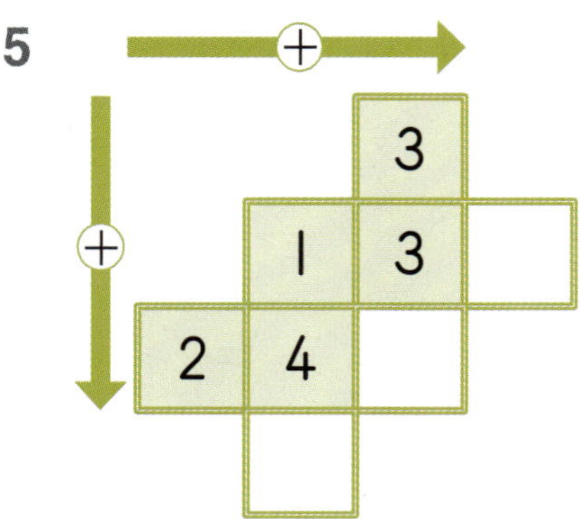

● **보기** 와 같이 위의 두 수를 더하여 아래 빈칸에 알맞게 써넣으세요.

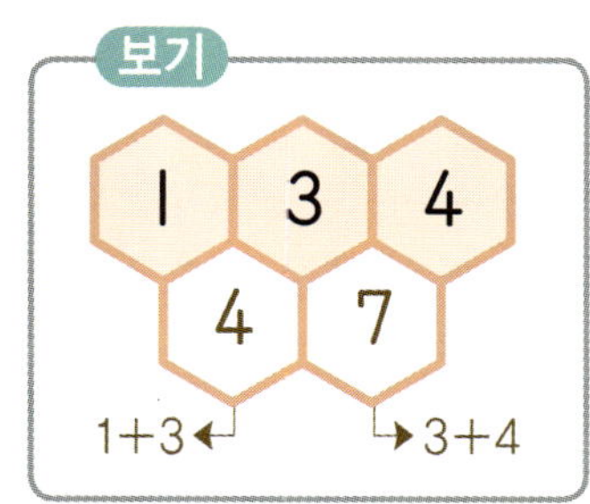

6 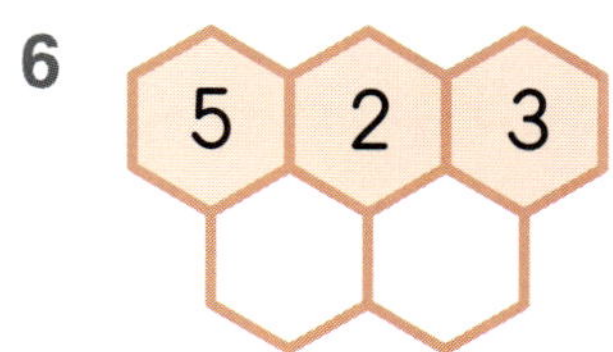

7 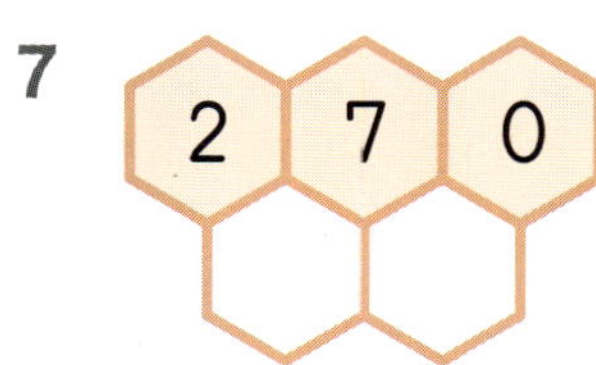

8 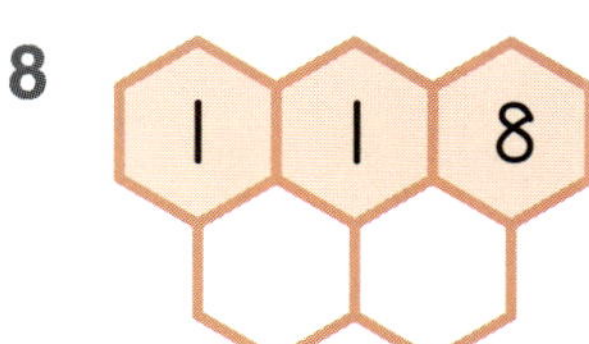

9 

10 

● **보기** 와 같이 수 카드를 이용하여 덧셈식을 만들어 보세요.

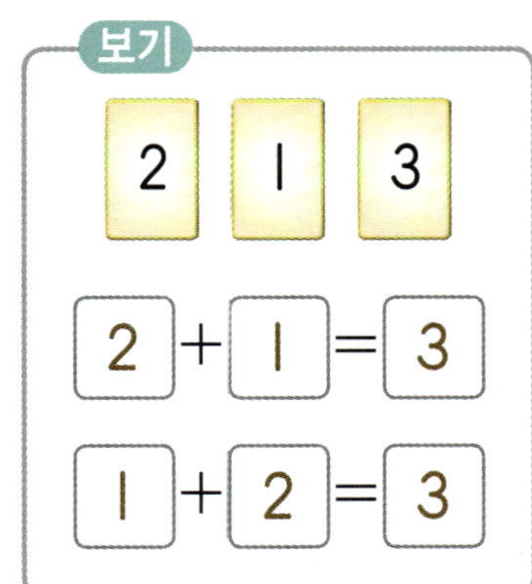

11 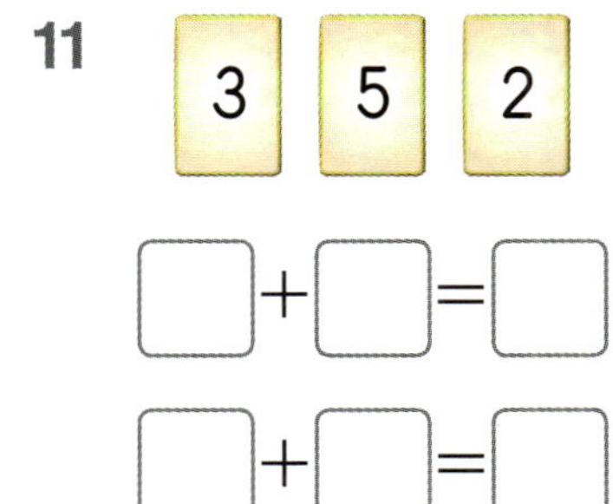

12

```
5   9   4
```

☐ + ☐ = ☐

☐ + ☐ = ☐

13

```
7   6   1
```

☐ + ☐ = ☐

☐ + ☐ = ☐

● 덧셈을 하세요.

1
$$\begin{array}{r} 3 \\ +\ 1 \\ \hline \square \end{array}$$

2
$$\begin{array}{r} 1 \\ +\ 1 \\ \hline \square \end{array}$$

3
$$\begin{array}{r} 2 \\ +\ 5 \\ \hline \square \end{array}$$

4
$$\begin{array}{r} 1 \\ +\ 7 \\ \hline \square \end{array}$$

5
$$\begin{array}{r} 7 \\ +\ 2 \\ \hline \square \end{array}$$

6
$$\begin{array}{r} 3 \\ +\ 4 \\ \hline \square \end{array}$$

7
$$\begin{array}{r} 1 \\ +\ 2 \\ \hline \square \end{array}$$

8
$$\begin{array}{r} 4 \\ +\ 3 \\ \hline \square \end{array}$$

9
$$\begin{array}{r} 5 \\ +\ 4 \\ \hline \square \end{array}$$

10
$$\begin{array}{r} 2 \\ +\ 7 \\ \hline \square \end{array}$$

11
$$\begin{array}{r} 3 \\ +\ 5 \\ \hline \square \end{array}$$

12
$$\begin{array}{r} 4 \\ +\ 0 \\ \hline \square \end{array}$$

13
$$\begin{array}{r} 5 \\ +\ 1 \\ \hline \square \end{array}$$

14
$$\begin{array}{r} 6 \\ +\ 2 \\ \hline \square \end{array}$$

15
$$\begin{array}{r} 3 \\ +\ 2 \\ \hline \square \end{array}$$

16	$\begin{array}{r} 1 \\ +\ 6 \\ \hline \square \end{array}$	17	$\begin{array}{r} 2 \\ +\ 4 \\ \hline \square \end{array}$	18	$\begin{array}{r} 3 \\ +\ 3 \\ \hline \square \end{array}$
19	$\begin{array}{r} 5 \\ +\ 2 \\ \hline \square \end{array}$	20	$\begin{array}{r} 6 \\ +\ 3 \\ \hline \square \end{array}$	21	$\begin{array}{r} 2 \\ +\ 2 \\ \hline \square \end{array}$
22	$\begin{array}{r} 8 \\ +\ 0 \\ \hline \square \end{array}$	23	$\begin{array}{r} 4 \\ +\ 1 \\ \hline \square \end{array}$	24	$\begin{array}{r} 1 \\ +\ 3 \\ \hline \square \end{array}$
25	$\begin{array}{r} 4 \\ +\ 4 \\ \hline \square \end{array}$	26	$\begin{array}{r} 5 \\ +\ 0 \\ \hline \square \end{array}$	27	$\begin{array}{r} 8 \\ +\ 1 \\ \hline \square \end{array}$
28	$\begin{array}{r} 2 \\ +\ 1 \\ \hline \square \end{array}$	29	$\begin{array}{r} 7 \\ +\ 1 \\ \hline \square \end{array}$	30	$\begin{array}{r} 9 \\ +\ 0 \\ \hline \square \end{array}$

09 집중 연산 ❸

● ☐ 안에 알맞은 수를 써넣으세요.

1 ☐+4=5

☐+2=5

2 ☐+1=8

☐+6=8

3 ☐+3=4

☐+2=4

4 ☐+0=9

☐+5=9

5 ☐+5=6

☐+2=6

6 ☐+0=5

☐+1=5

7 ☐+6=6

☐+3=6

8 ☐+0=7

☐+7=7

9 ☐+8=9

☐+7=9

10 0+☐=2

1+☐=2

11 3+☐=7

5+☐=7

12 2+☐=4

4+☐=4

13 6+☐=9

1+☐=9

14 7+☐=8

0+☐=8

15 0+☐=6

4+☐=6

16 □+1=4
    □+0=4

17 □+3=5
    □+5=5

18 □+1=6
    □+4=6

19 □+3=7
    □+4=7

20 □+7=8
    □+2=8

21 □+4=9
    □+2=9

22 □+3=9
    □+6=9

23 □+1=7
    □+6=7

24 □+3=8
    □+5=8

25 0+□=3
    1+□=3

26 2+□=5
    4+□=5

27 3+□=8
    6+□=8

28 4+□=9
    7+□=9

29 1+□=4
    0+□=4

30 7+□=7
    1+□=7

9까지의 수의 뺄셈

누구지?
공주님이시군요? 배를 타시려고요?
네~. 불의 성에 있는 화룡에게 가는 중이에요.
와! 배다!
와~.
어디 보자…. 하나, 둘, 셋, 넷, 다섯.
왜 그러세요?
그게…. 제 배는 모두 넷만 탈 수 있답니다.
공주님, 저는 배를 꼭 타고 싶어요!
저도요!
꽥!
꽥!
꽥!

다들 기다려 봐!
뺄셈을 하면
되니까요.
훗
우리는 모두 다섯이고
배에는 넷만 탈 수
있으니….
즉!
말 한 마리만
빠지면
되지요.
5-4=1
난 왜
이렇게
멋질까
그렇다면 필립은
여기서 기다리면
되겠네요!
네, 저요?
깜짝!
야호!
신난다!
와!
필립,
금방 올게!
공주님, 조심히
다녀오세요!
철
썩
철
썩

학습내용

▶ 뺄셈식 만들기
▶ 1~9까지 수의 뺄셈
▶ 뺄셈식에서 □ 구하기

연산력 게임
스마트폰을 이용하여 QR을
찍으면 재미있는 연산 게임을
할 수 있습니다.

✤ 그림을 보고 뺄셈식 만들기

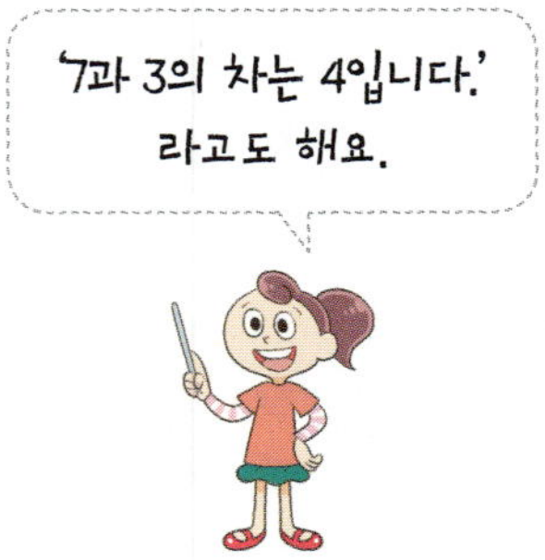

$$7 - 3 = 4$$

7 빼기 3은 4와 같습니다.

● 그림을 보고 원숭이가 먹고 남은 바나나는 몇 개인지 뺄셈식을 만들어 보세요.

1

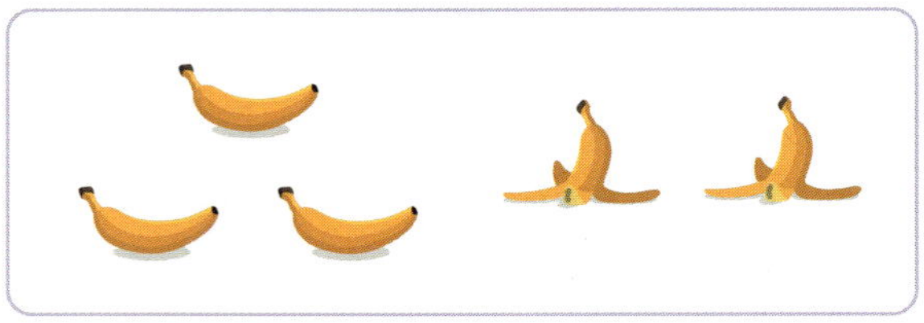

$$5 - 2 = \boxed{}$$

2

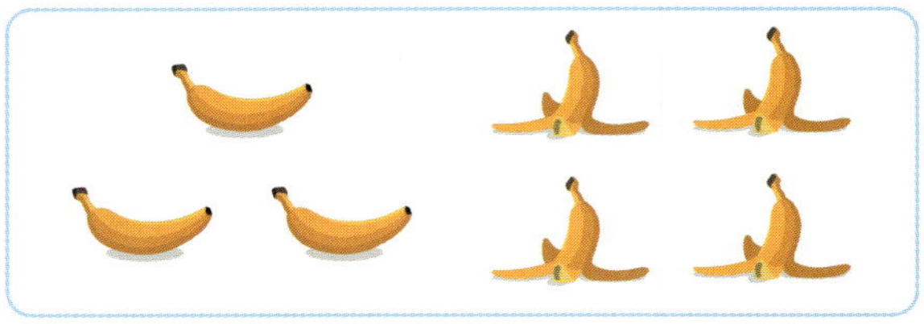

3

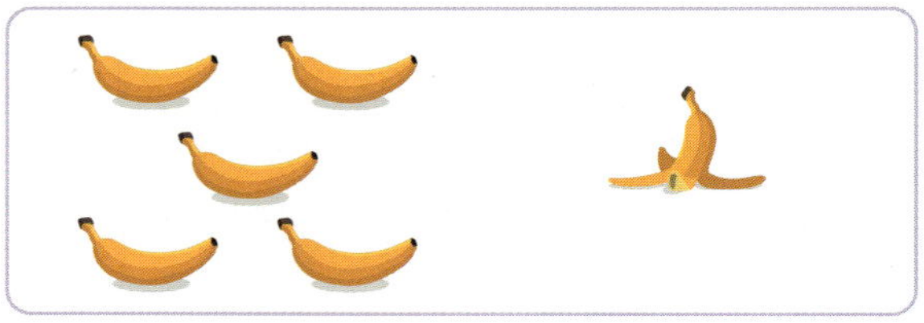

4

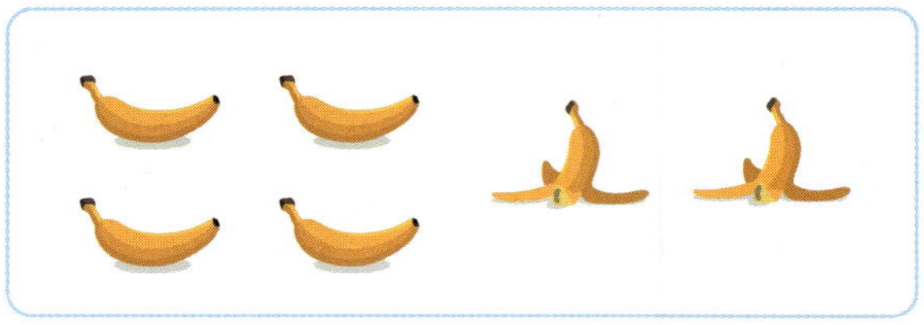

5

6

● 나뭇가지에 도토리가 다음과 같이 달려있습니다. 다람쥐가 먹고 남은 도토리는 몇 개인지 뺄셈식으로 나타내 보세요.

7

다람쥐가 도토리를 2개 먹었습니다.

$$4 - 2 = \boxed{}$$

8

다람쥐가 도토리를 5개 먹었습니다.

9

다람쥐가 도토리를 2개 먹었습니다.

10

다람쥐가 도토리를 1개 먹었습니다.

11

다람쥐가 도토리를 0개 먹었습니다.

12

다람쥐가 도토리를 3개 먹었습니다.

13

다람쥐가 도토리를 6개 먹었습니다.

14

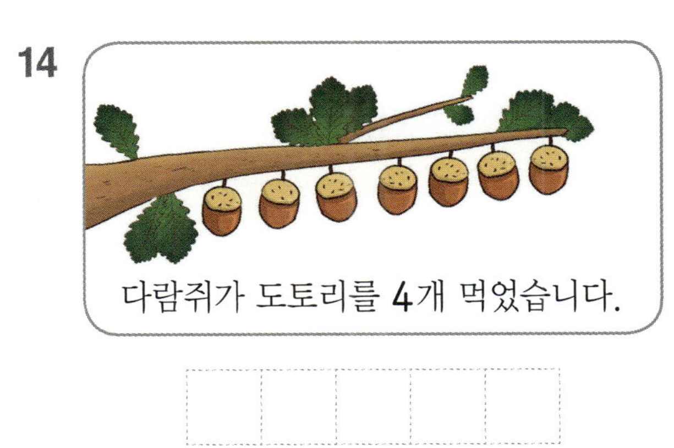

다람쥐가 도토리를 4개 먹었습니다.

02 ㅣ~9까지 수의 뺄셈 (1)

✤ 6−4의 가로셈

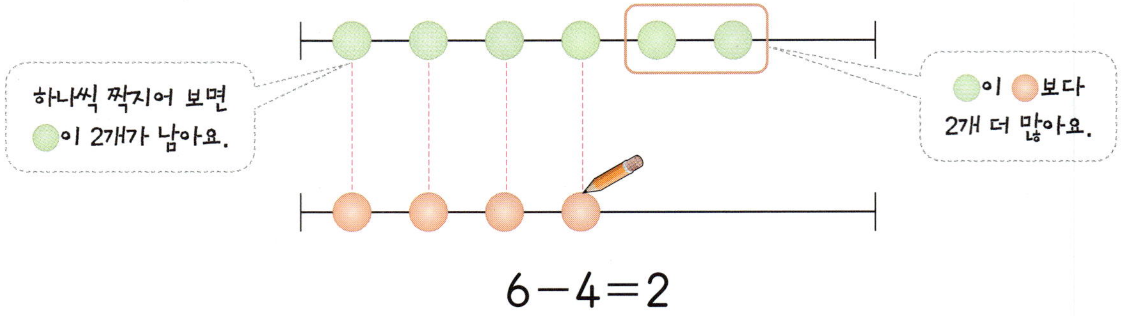

$$6-4=2$$

● 뺄셈을 하세요.

1 $5-2=\boxed{}$

$4-4=\boxed{}$

2 $8-6=\boxed{}$

$9-4=\boxed{}$

3 $7-1=\boxed{}$

$6-3=\boxed{}$

4 $3-1=\boxed{}$

$4-3=\boxed{}$

5 $7-6=\boxed{}$

$5-5=\boxed{}$

6 $8-4=\boxed{}$

$9-0=\boxed{}$

7 $2-2=\boxed{}$

$8-2=\boxed{}$

8 $9-8=\boxed{}$

$7-4=\boxed{}$

9 $5-1=\boxed{}$

$6-6=\boxed{}$

● 알뜰 시장에 각각의 물건이 색칠한 칸의 수만큼 있습니다. 얼마나 더 많은지 뺄셈식으로 나타내 보세요.

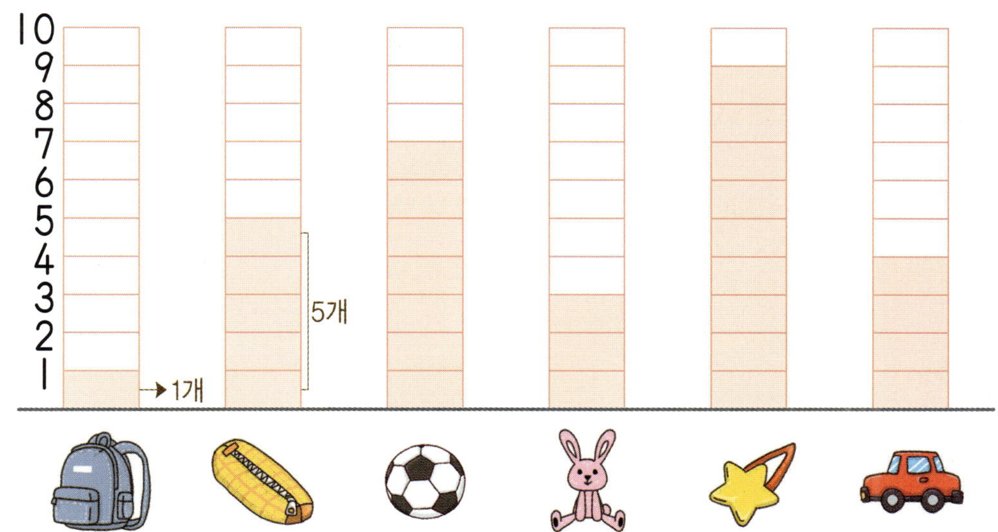

10 은 보다 몇 개 더 많을까요?

| 7 | − | 1 | = | |

11 은 보다 몇 개 더 많을까요?

12 는 보다 몇 개 더 많을까요?

13 은 보다 몇 개 더 많을까요?

14 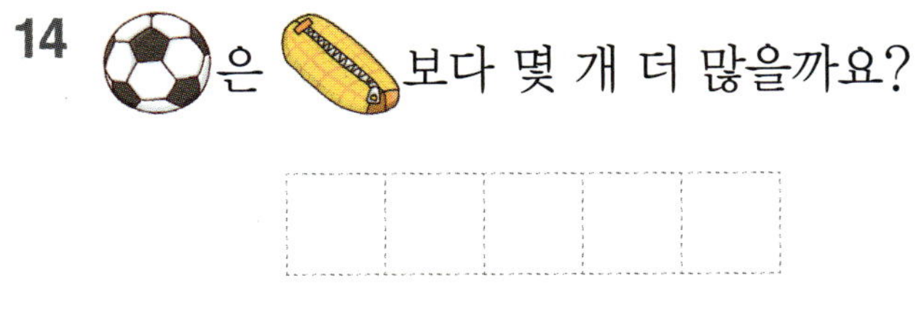은 보다 몇 개 더 많을까요?

15 은 보다 몇 개 더 많을까요?

16 은 보다 몇 개 더 많을까요?

17 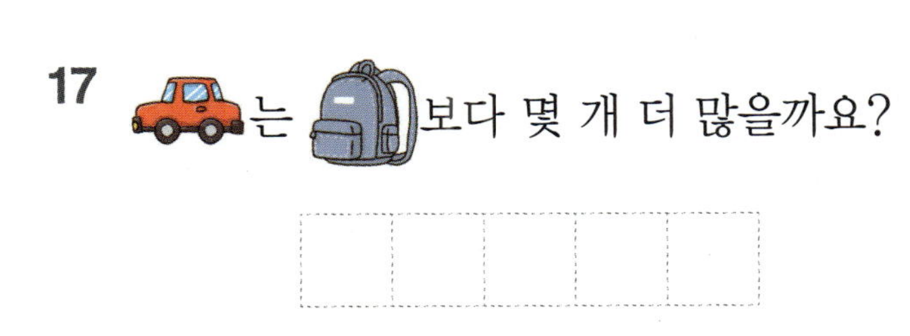는 보다 몇 개 더 많을까요?

✤ 6−4의 세로셈

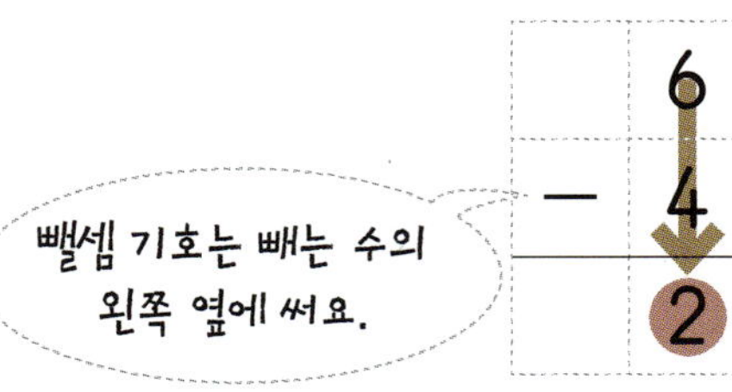

● 뺄셈을 하세요.

1
$$\begin{array}{r} 5 \\ -\ 1 \\ \hline \end{array}$$

2
$$\begin{array}{r} 4 \\ -\ 2 \\ \hline \end{array}$$

3
$$\begin{array}{r} 9 \\ -\ 1 \\ \hline \end{array}$$

4
$$\begin{array}{r} 8 \\ -\ 5 \\ \hline \end{array}$$

5
$$\begin{array}{r} 2 \\ -\ 1 \\ \hline \end{array}$$

6
$$\begin{array}{r} 6 \\ -\ 4 \\ \hline \end{array}$$

7
$$\begin{array}{r} 9 \\ -\ 3 \\ \hline \end{array}$$

8
$$\begin{array}{r} 3 \\ -\ 2 \\ \hline \end{array}$$

9
$$\begin{array}{r} 7 \\ -\ 3 \\ \hline \end{array}$$

10
$$\begin{array}{r} 6 \\ -\ 0 \\ \hline \end{array}$$

11
$$\begin{array}{r} 8 \\ -\ 8 \\ \hline \end{array}$$

12
$$\begin{array}{r} 5 \\ -\ 4 \\ \hline \end{array}$$

● 바르게 계산한 과자만 먹을 수 있습니다. 보기 와 같이 계산이 맞으면 ○표, 틀리면 ×표를 하고 각 학생이 과자를 몇 개 먹을 수 있는지 구하세요.

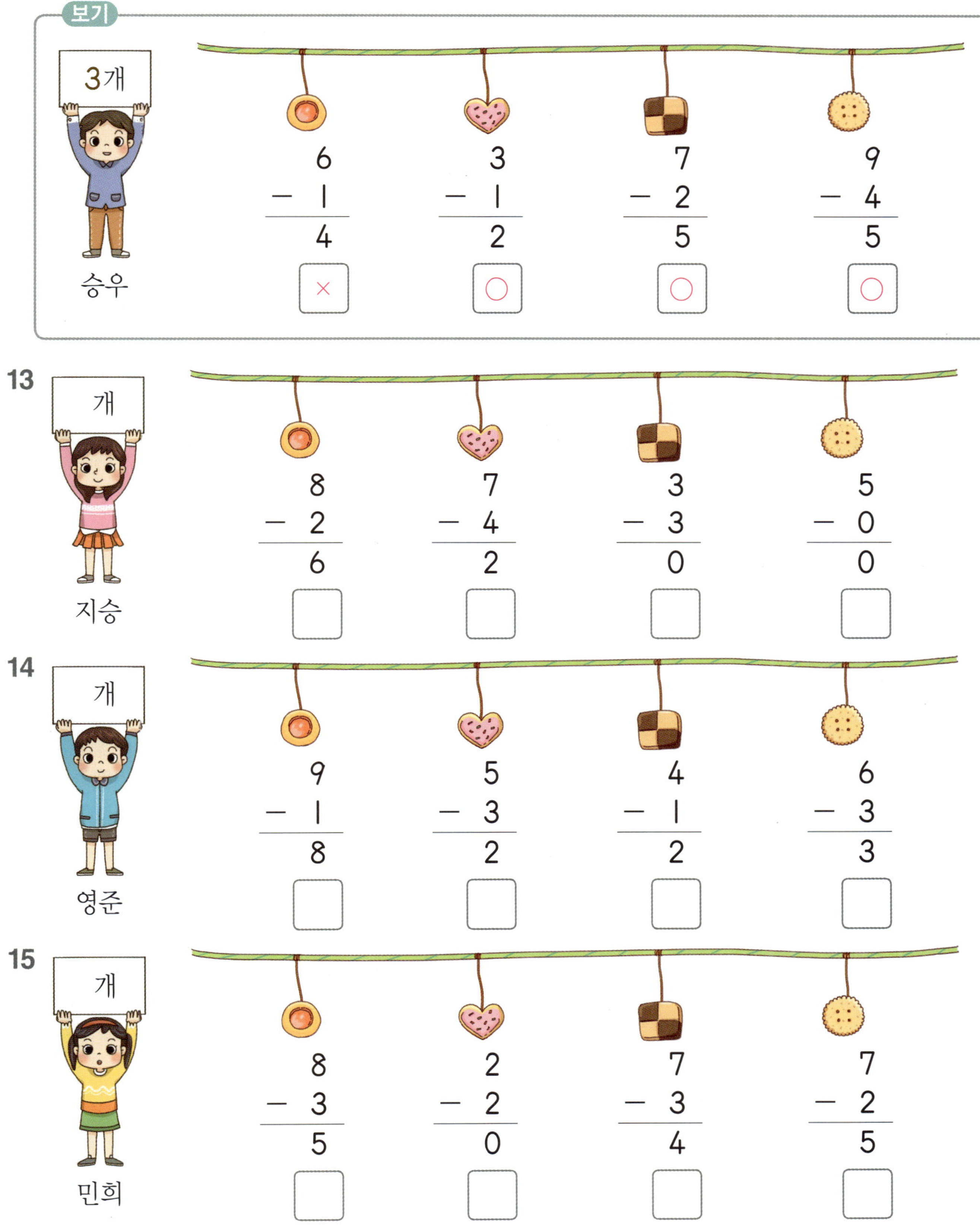

✛ □−3＝5에서 □ 구하기

처음 → 달걀의 수

$$8 - 3 = 5$$

남은 5개의 달걀과 사용한 3개의 달걀을 더하면 모두 8개!

● 처음 달걀의 수를 구하세요.

1 □−2＝3

2 □−6＝1

3 □−1＝4

4 □−7＝0

5 □−1＝8

6 □−4＝4

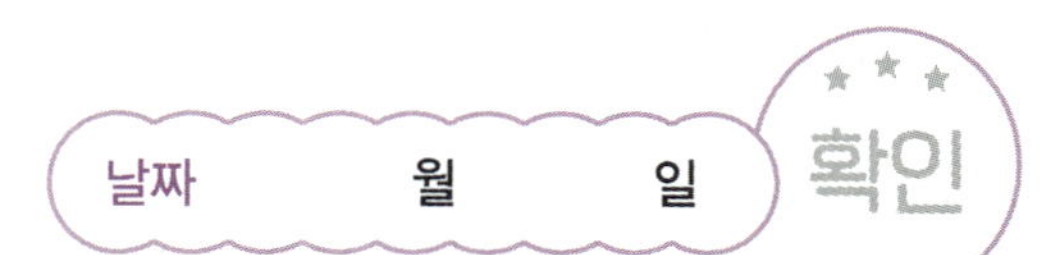

● 보기 와 같이 처음 주머니에 있던 구슬의 수를 구하세요.

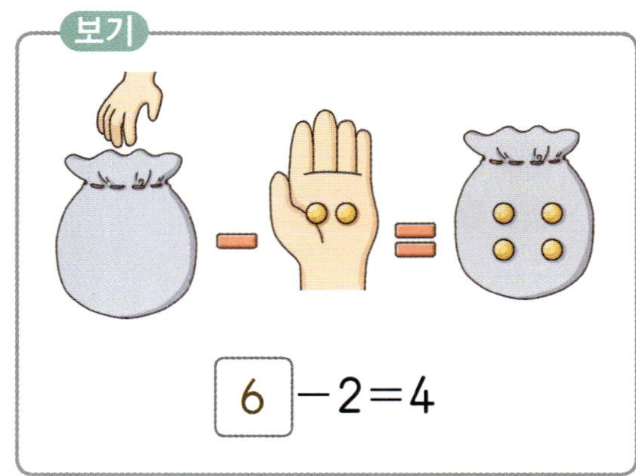

보기

$\boxed{6} - 2 = 4$

7 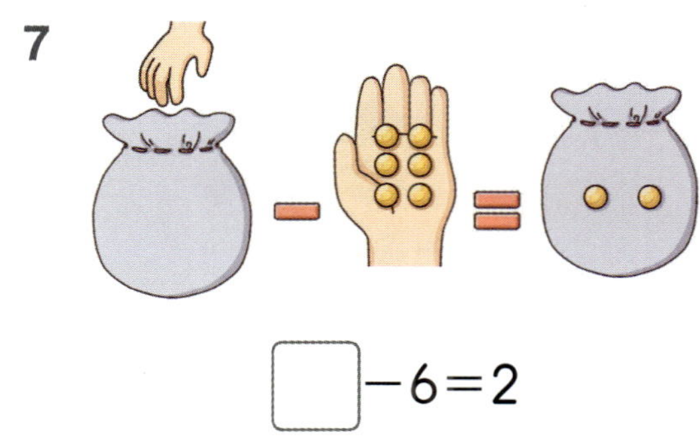

$\boxed{} - 6 = 2$

8 

$\boxed{} - 5 = 3$

9 

$\boxed{} - 2 = 2$

10 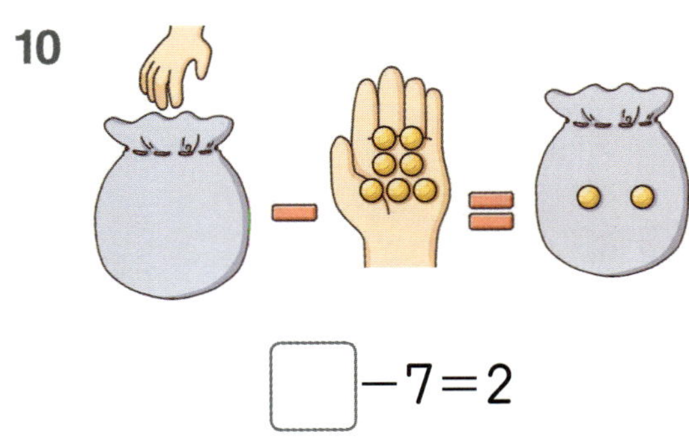

$\boxed{} - 7 = 2$

11 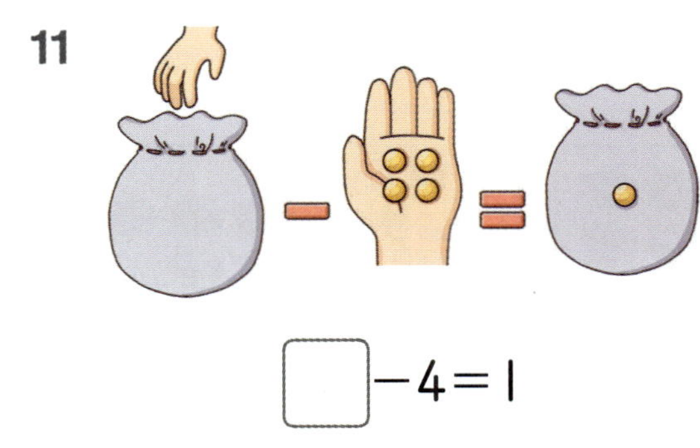

$\boxed{} - 4 = 1$

12

$\boxed{} - 4 = 5$

13 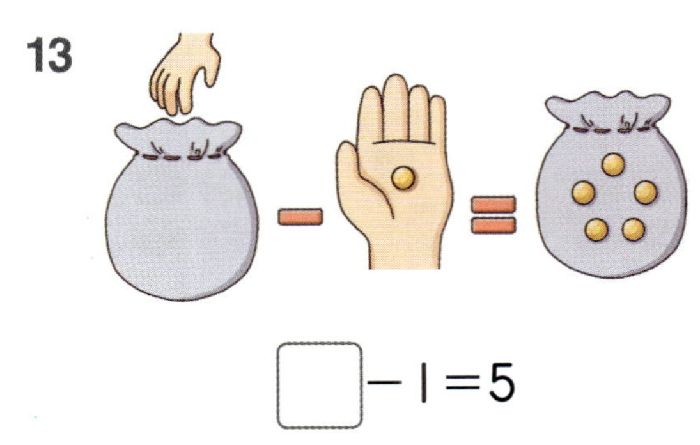

$\boxed{} - 1 = 5$

✤ 6 − □ = 4에서 □ 구하기

6 − 2 = 4

처음 초콜릿의 수 ↗   먹은 초콜릿의 수   ↖ 남은 초콜릿의 수

● 먹은 초콜릿의 수를 구하세요.

1
6 − □ = 1

2
4 − □ = 2

3
8 − □ = 5

4

3 − □ = 0

5
5 − □ = 4

6
9 − □ = 5

● 보기 와 같이 덜어낸 구슬의 수를 구하세요.

보기

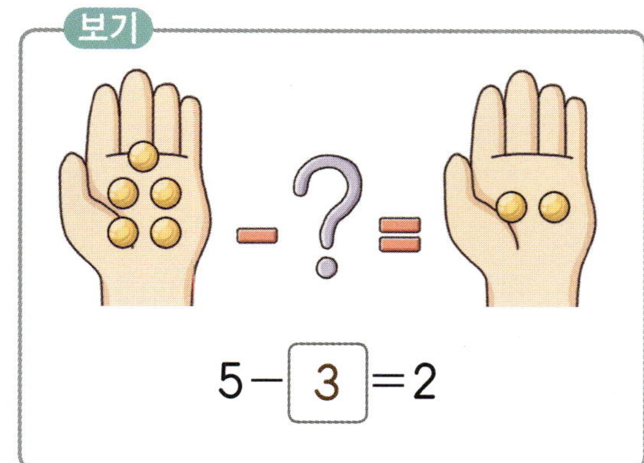

$5 - \boxed{3} = 2$

7

$6 - \boxed{} = 1$

8

$3 - \boxed{} = 3$

9

$7 - \boxed{} = 4$

10

$8 - \boxed{} = 3$

11

$4 - \boxed{} = 3$

12

$5 - \boxed{} = 4$

13

$2 - \boxed{} = 0$

● 빈칸에 알맞은 수를 써넣으세요.

1
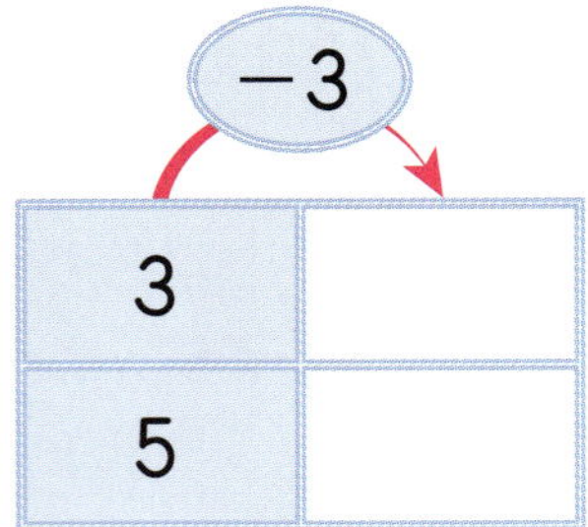

2

3

4
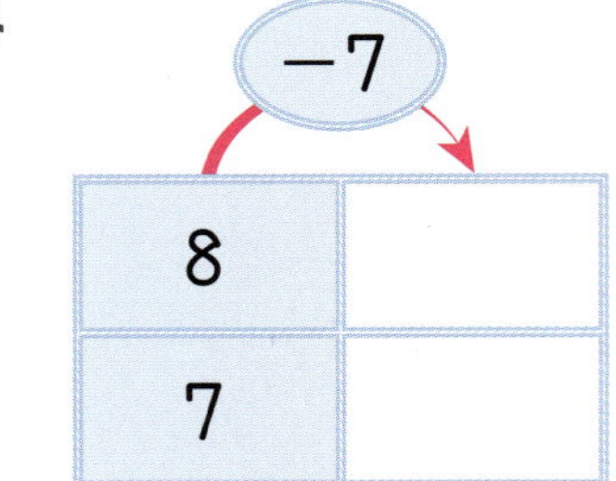

● 계산 결과가 나머지 깃발과 다른 하나를 찾아 ×표 하세요.

5

6

7

8
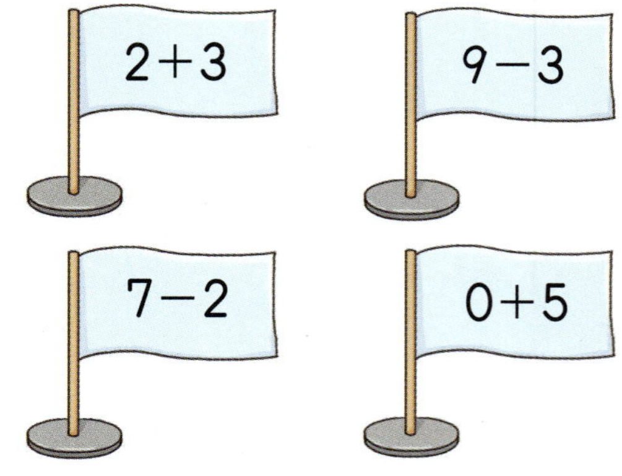

● 빈칸에 알맞은 수를 써넣으세요.

9
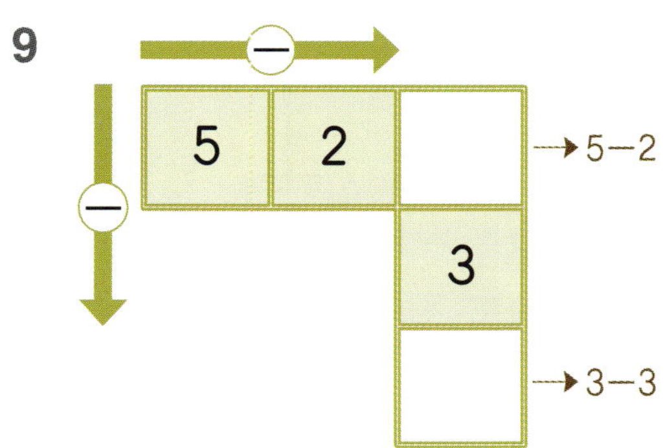

10
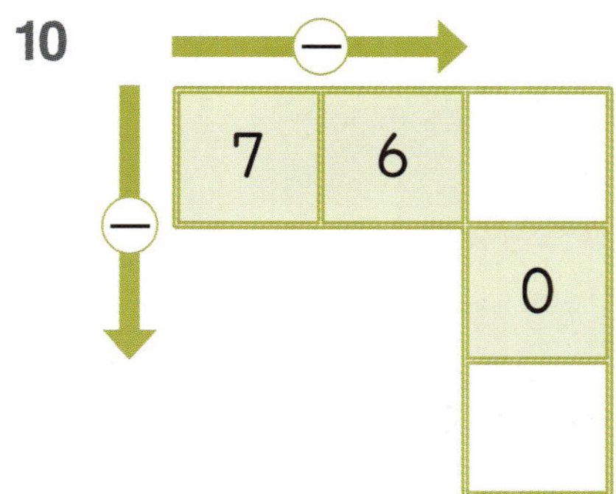

11
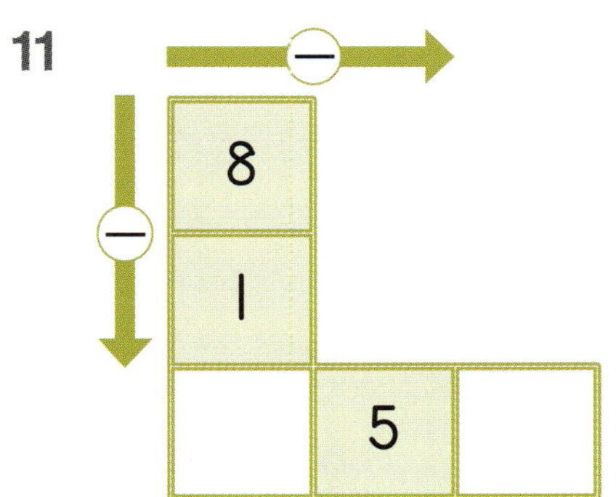

12
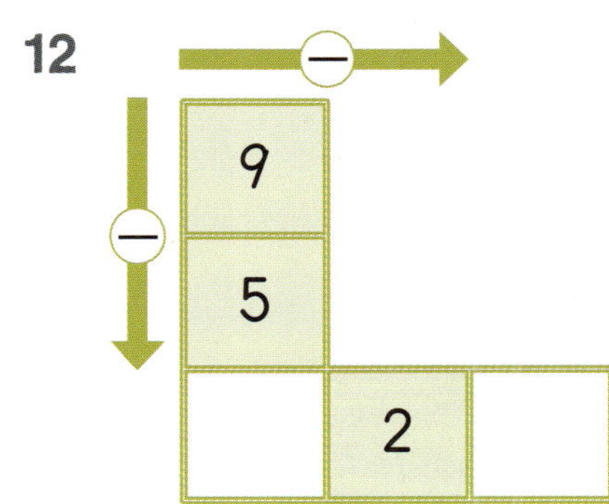

13
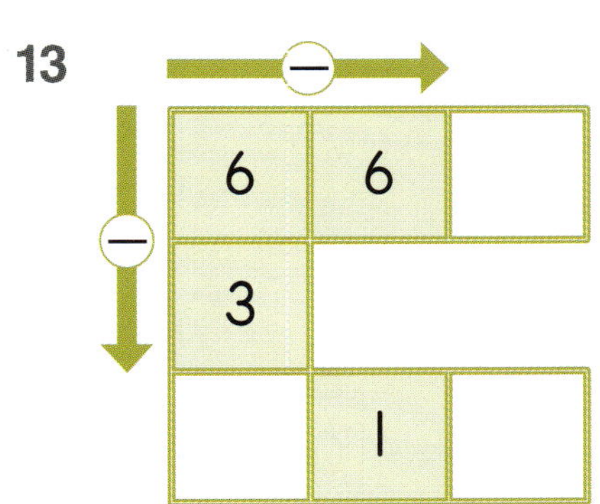

14
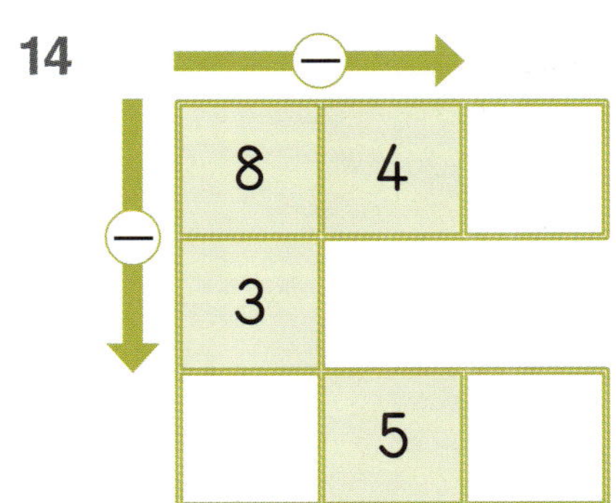

15
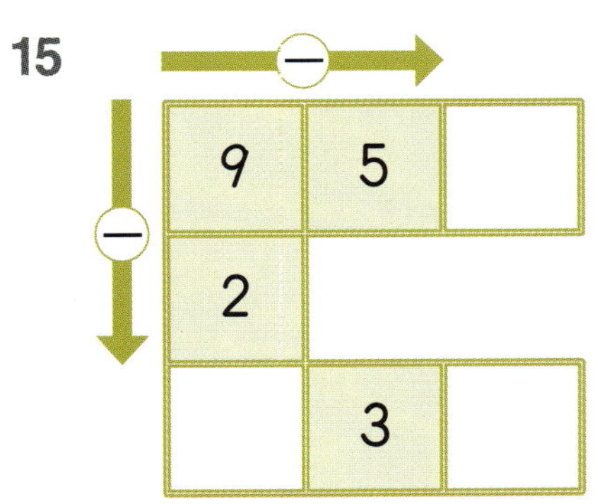

16
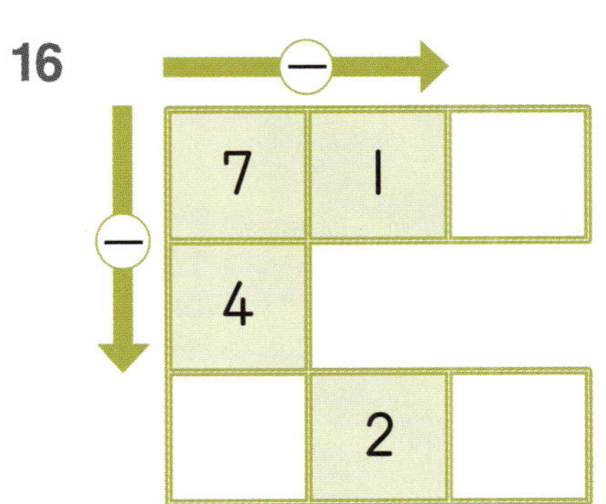

● 뺄셈을 하세요.

1
$$\begin{array}{r} 5 \\ -\ 1 \\ \hline \square \end{array}$$

2
$$\begin{array}{r} 7 \\ -\ 3 \\ \hline \square \end{array}$$

3
$$\begin{array}{r} 1 \\ -\ 1 \\ \hline \square \end{array}$$

4
$$\begin{array}{r} 7 \\ -\ 7 \\ \hline \square \end{array}$$

5
$$\begin{array}{r} 5 \\ -\ 4 \\ \hline \square \end{array}$$

6
$$\begin{array}{r} 8 \\ -\ 1 \\ \hline \square \end{array}$$

7
$$\begin{array}{r} 4 \\ -\ 4 \\ \hline \square \end{array}$$

8
$$\begin{array}{r} 7 \\ -\ 5 \\ \hline \square \end{array}$$

9
$$\begin{array}{r} 9 \\ -\ 3 \\ \hline \square \end{array}$$

10
$$\begin{array}{r} 3 \\ -\ 2 \\ \hline \square \end{array}$$

11
$$\begin{array}{r} 6 \\ -\ 1 \\ \hline \square \end{array}$$

12
$$\begin{array}{r} 8 \\ -\ 0 \\ \hline \square \end{array}$$

13
$$\begin{array}{r} 4 \\ -\ 3 \\ \hline \square \end{array}$$

14
$$\begin{array}{r} 3 \\ -\ 3 \\ \hline \square \end{array}$$

15
$$\begin{array}{r} 9 \\ -\ 8 \\ \hline \square \end{array}$$

16   4 − 2 = □

17   5 − 2 = □

18   6 − 5 = □

19   8 − 7 = □

20   9 − 0 = □

21   3 − 1 = □

22   5 − 3 = □

23   6 − 3 = □

24   7 − 4 = □

25   8 − 3 = □

26   4 − 1 = □

27   5 − 0 = □

28   9 − 5 = □

29   7 − 6 = □

30   8 − 8 = □

● ☐ 안에 알맞은 수를 써넣으세요.

1 ☐$-2=4$

☐$-5=4$

2 ☐$-3=0$

☐$-6=0$

3 ☐$-0=8$

☐$-1=8$

4 ☐$-4=2$

☐$-3=2$

5 ☐$-3=3$

☐$-0=3$

6 ☐$-7=1$

☐$-5=1$

7 ☐$-1=6$

☐$-0=6$

8 ☐$-2=5$

☐$-1=5$

9 ☐$-0=7$

☐$-1=7$

10 $1-$☐$=0$

$7-$☐$=0$

11 $7-$☐$=5$

$5-$☐$=3$

12 $9-$☐$=8$

$8-$☐$=4$

13 $4-$☐$=0$

$9-$☐$=3$

14 $6-$☐$=6$

$3-$☐$=1$

15 $2-$☐$=1$

$5-$☐$=3$

16 ☐$-5=2$

☐$-7=2$

17 ☐$-3=4$

☐$-4=4$

18 ☐$-2=6$

☐$-3=6$

19 ☐$-2=0$

☐$-5=0$

20 ☐$-4=1$

☐$-8=1$

21 ☐$-5=3$

☐$-2=3$

22 ☐$-4=3$

☐$-6=3$

23 ☐$-6=2$

☐$-0=2$

24 ☐$-4=5$

☐$-3=5$

25 $5-$☐$=4$

$6-$☐$=4$

26 $8-$☐$=5$

$5-$☐$=5$

27 $7-$☐$=6$

$9-$☐$=6$

28 $8-$☐$=0$

$8-$☐$=1$

29 $5-$☐$=2$

$3-$☐$=3$

30 $7-$☐$=4$

$6-$☐$=5$

덧셈과 뺄셈의 관계

에헴!
좌
악
와! 저기 불의 성이 보인다!
자! 빨리 해결하고 돌아가자!
왕자님이 사고만 안 치면 돼요.
내가 바로 화룡이다! 오랜만이군~! 안네공주!
무슨 일로 나를 찾아왔지?
짜
잔!
푸흡! 용이 엄청 뚱뚱해! 푸하하하하!!
앗! 안돼.
뚜… 뚱뚱?
빠지
미… 미안! 그런데 요즘 왜 눈이 내리지 않는 거야?
흥!

▶ 덧셈식을 보고 뺄셈식 만들기

▶ 뺄셈식을 보고 덧셈식 만들기

01 덧셈식을 보고 뺄셈식 만들기(1)

✚ 2＋3＝5를 보고 뺄셈식 만들기

2＋3＝5

5－2＝3

● 덧셈을 하고, 뺄셈식을 만들어 보세요.

1 3＋1＝☐

☐－3＝1

2 2＋4＝☐

☐－2＝4

3 3＋5＝☐

☐－3＝☐

4 2＋5＝☐

☐－2＝☐

5 4＋3＝☐

☐－4＝☐

6 4＋1＝☐

☐－4＝☐

7 2＋7＝☐

☐－2＝☐

8 3＋6＝☐

☐－3＝☐

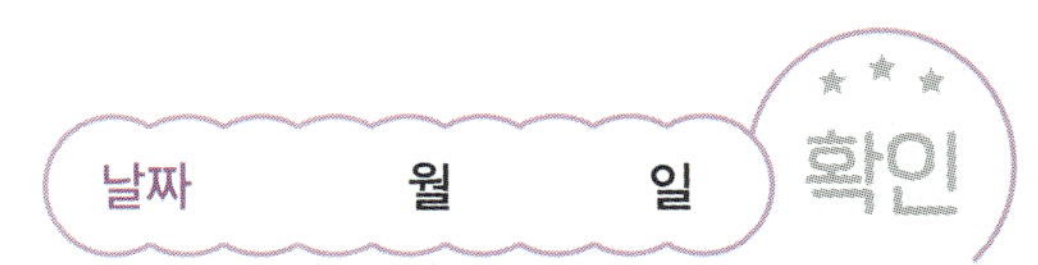

● 그림을 보고 당근의 수를 나타내는 뺄셈식을 만들어 보세요.

9

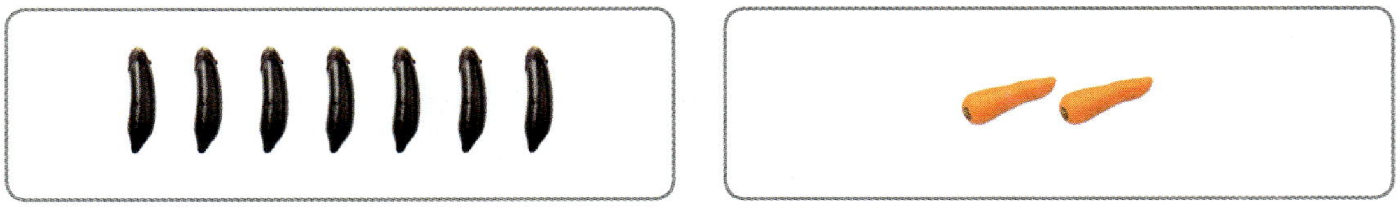

$7+2=9$ ⟶ $9-7=\boxed{}$

가지의 수 ↵   ↳ 당근의 수

10

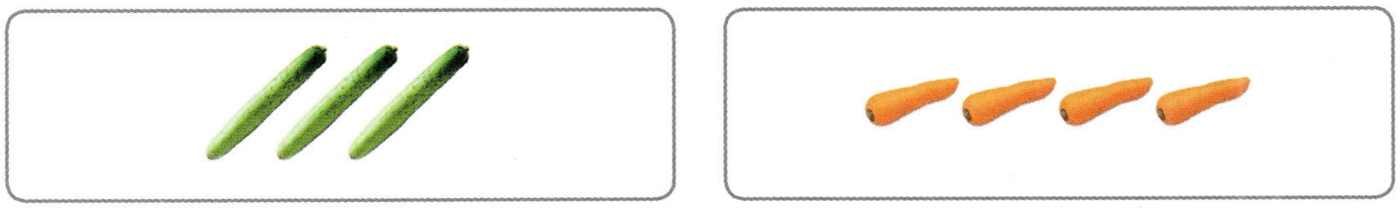

$3+4=7$ ⟶ $7-3=\boxed{}$

11

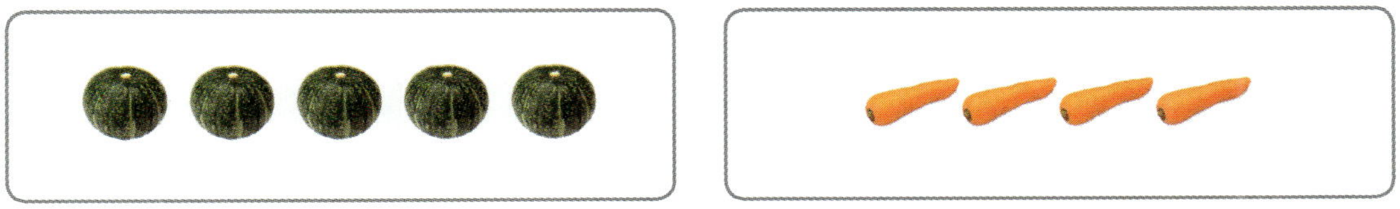

$5+4=9$ ⟶ $9-\boxed{}=\boxed{}$

12

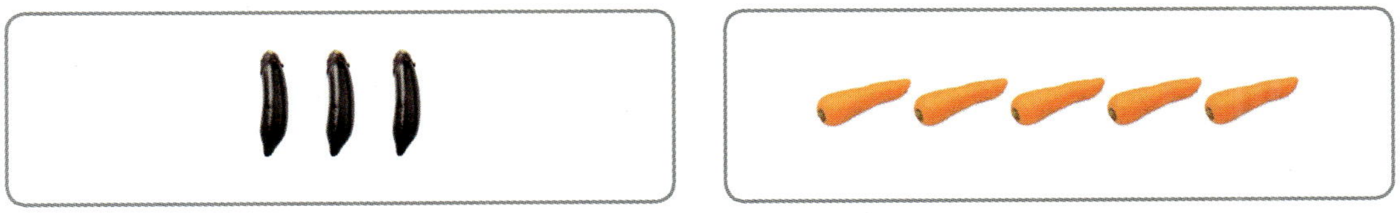

$3+5=8$ ⟶ $8-\boxed{}=\boxed{}$

13

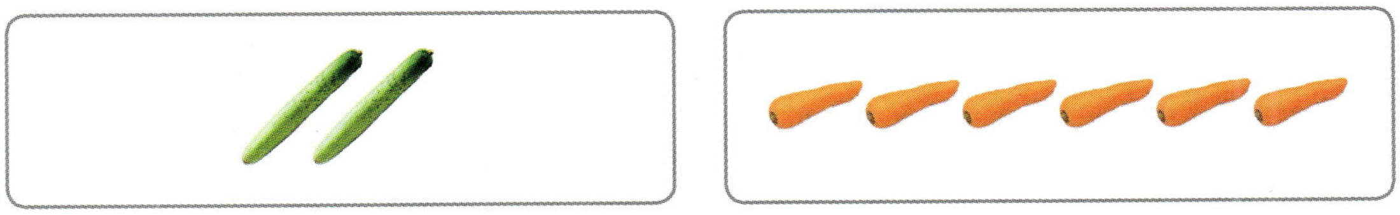

$2+6=8$ ⟶ $8-\boxed{}=\boxed{}$

14

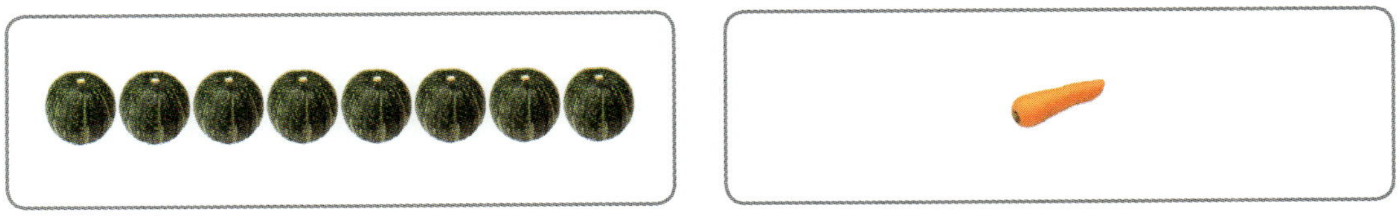

$8+1=9$ ⟶ $9-\boxed{}=\boxed{}$

02 덧셈식을 보고 뺄셈식 만들기 (2)

✛ 2+3=5를 보고 뺄셈식 만들기

$2+3=5$

↓

$5-3=2$

● 덧셈을 하고, 뺄셈식을 만들어 보세요.

1 $4+1=\Box$

↓

$\Box-1=4$

2 $2+4=\Box$

↓

$\Box-4=2$

3 $3+4=\Box$

↓

$\Box-4=\Box$

4 $5+3=\Box$

↓

$\Box-3=\Box$

5 $5+2=\Box$

↓

$\Box-2=\Box$

6 $5+4=\Box$

↓

$\Box-4=\Box$

7 $1+7=\Box$

↓

$\Box-7=\Box$

8 $3+6=\Box$

↓

$\Box-6=\Box$

● 그림을 보고 모자의 수를 나타내는 뺄셈식을 만들어 보세요.

9

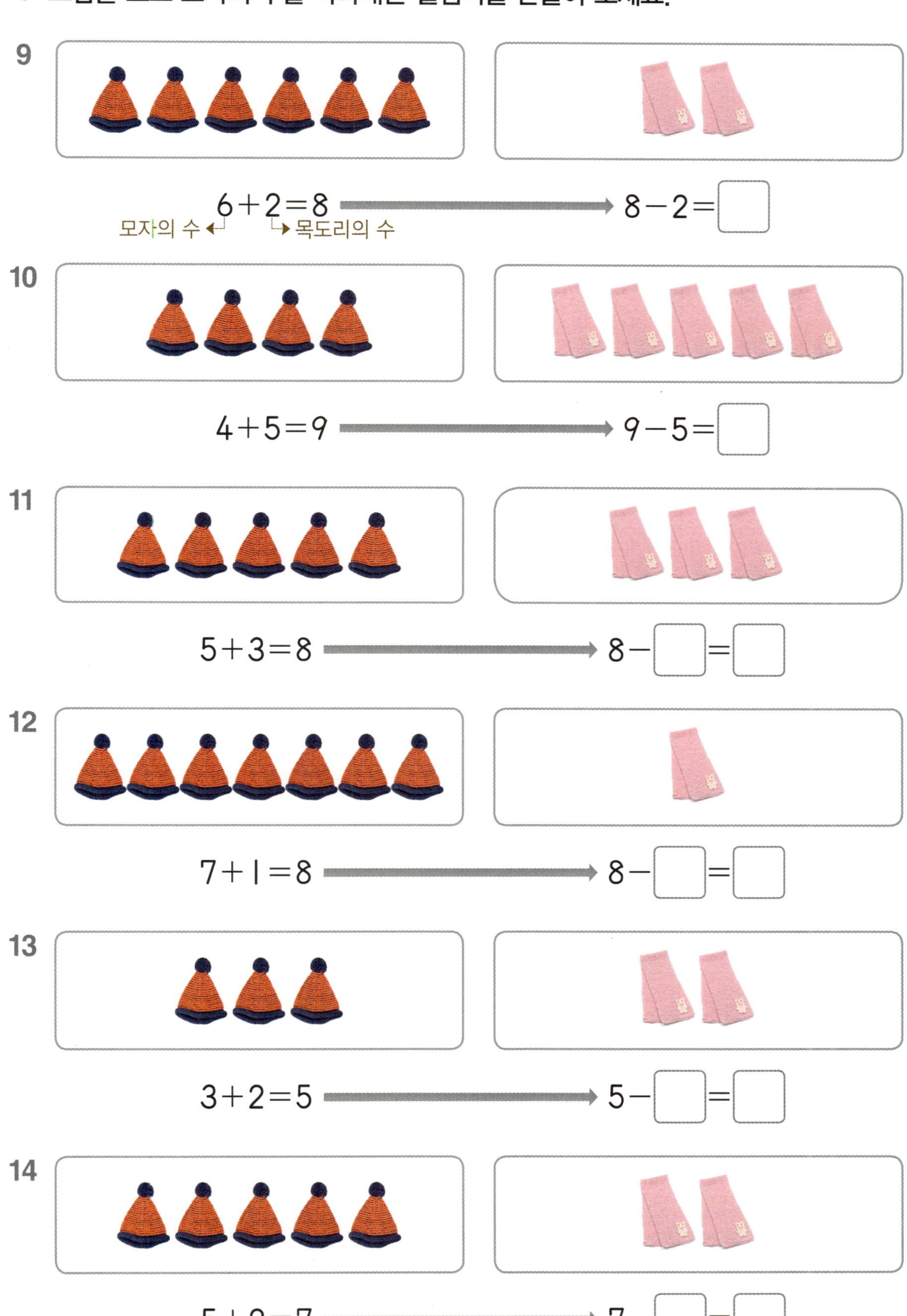

$6+2=8$ ⟶ $8-2=\boxed{}$

모자의 수 ⟵   ⟶ 목도리의 수

10

$4+5=9$ ⟶ $9-5=\boxed{}$

11

$5+3=8$ ⟶ $8-\boxed{}=\boxed{}$

12

$7+1=8$ ⟶ $8-\boxed{}=\boxed{}$

13

$3+2=5$ ⟶ $5-\boxed{}=\boxed{}$

14

$5+2=7$ ⟶ $7-\boxed{}=\boxed{}$

03 덧셈식을 보고 뺄셈식 만들기 (3)

✛ $2+3=5$를 보고 뺄셈식 만들기

$$2+3=5 \begin{cases} 5-2=3 \\ 5-3=2 \end{cases}$$

● 덧셈을 하고, 뺄셈식을 만들어 보세요.

1 $2+4=\boxed{} \begin{cases} 6-\boxed{}=4 \\ 6-\boxed{}=2 \end{cases}$

2 $5+2=\boxed{} \begin{cases} 7-\boxed{}=2 \\ 7-\boxed{}=5 \end{cases}$

3 $1+7=\boxed{} \begin{cases} 8-\boxed{}=7 \\ 8-\boxed{}=1 \end{cases}$

4 $7+2=\boxed{} \begin{cases} 9-\boxed{}=2 \\ 9-\boxed{}=7 \end{cases}$

5 $3+4=\boxed{} \begin{cases} 7-\boxed{}=4 \\ 7-\boxed{}=3 \end{cases}$

6 $8+1=\boxed{} \begin{cases} 9-\boxed{}=1 \\ 9-\boxed{}=8 \end{cases}$

7 $6+3=\boxed{} \begin{cases} 9-\boxed{}=3 \\ 9-\boxed{}=6 \end{cases}$

8 $5+3=\boxed{} \begin{cases} 8-\boxed{}=3 \\ 8-\boxed{}=5 \end{cases}$

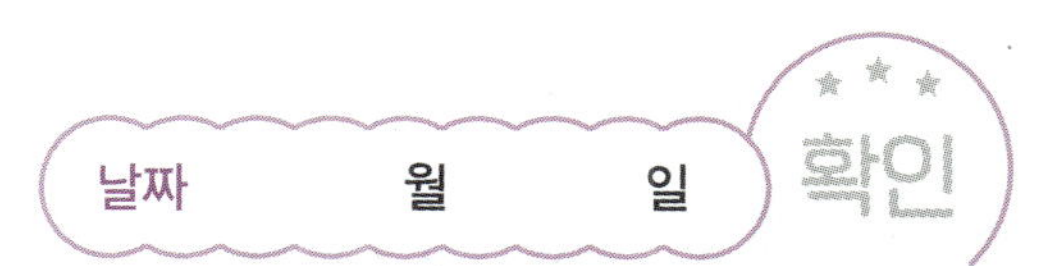

● 덧셈을 하고, 뺄셈식을 만들어 보세요.

9

$3+2=\boxed{}$

$5-3=\boxed{}$

$5-\boxed{}=\boxed{}$

10

$4+3=\boxed{}$

$7-4=\boxed{}$

$\boxed{}-3=\boxed{}$

11

$3+5=\boxed{}$

$\boxed{}-3=\boxed{}$

$8-5=\boxed{}$

12

$4+1=\boxed{}$

$\boxed{}-4=\boxed{}$

$\boxed{}-1=\boxed{}$

13

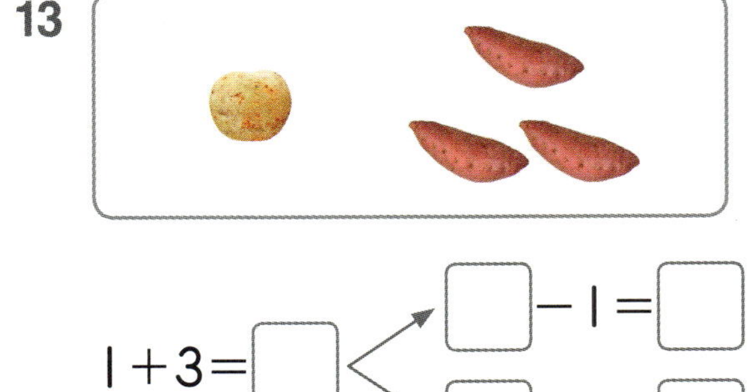

$1+3=\boxed{}$

$\boxed{}-1=\boxed{}$

$\boxed{}-3=\boxed{}$

14

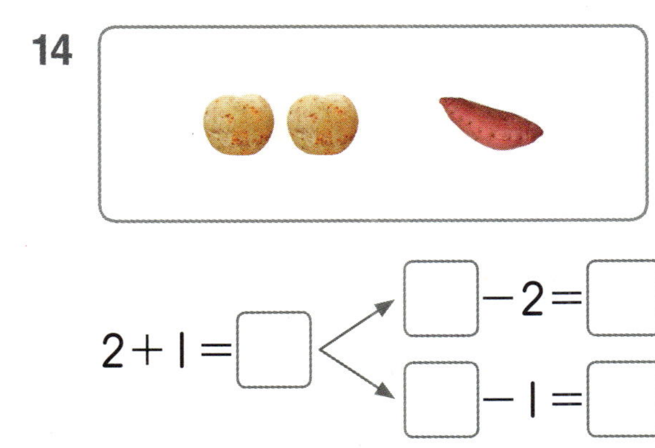

$2+1=\boxed{}$

$\boxed{}-2=\boxed{}$

$\boxed{}-1=\boxed{}$

04 뺄셈식을 보고 덧셈식 만들기 (1)

✚ 5−2＝3을 보고 덧셈식 만들기

$5-2=3$

$2+3=5$

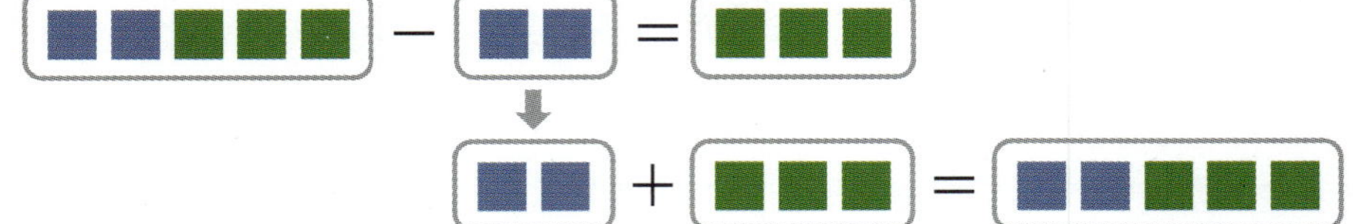

● 뺄셈을 하고, 덧셈식을 만들어 보세요.

1 $4-1=\boxed{}$

$1+3=\boxed{}$

2 $6-4=\boxed{}$

$4+2=\boxed{}$

3 $6-5=\boxed{}$

$5+\boxed{}=\boxed{}$

4 $7-5=\boxed{}$

$5+\boxed{}=\boxed{}$

5 $8-2=\boxed{}$

$2+\boxed{}=\boxed{}$

6 $9-3=\boxed{}$

$3+\boxed{}=\boxed{}$

7 $8-5=\boxed{}$

$5+\boxed{}=\boxed{}$

8 $7-3=\boxed{}$

$3+\boxed{}=\boxed{}$

● 지수가 말한 뺄셈식을 보고 주원이가 덧셈식을 만들었습니다. ☐ 안에 알맞은 수를 써넣으세요.

9

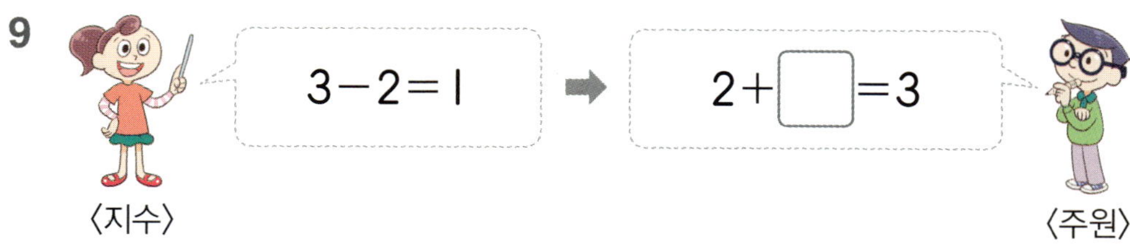

10

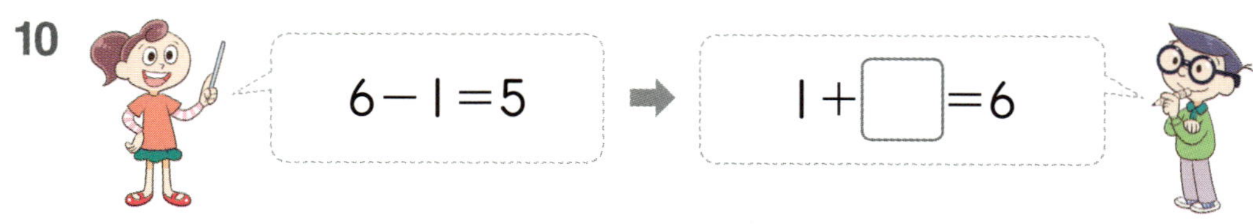

11

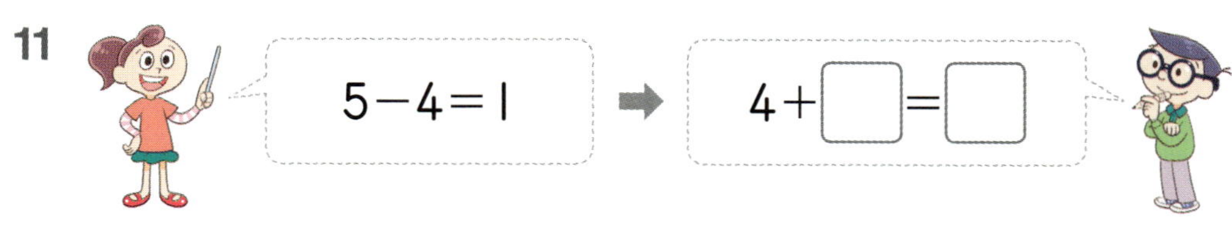

12

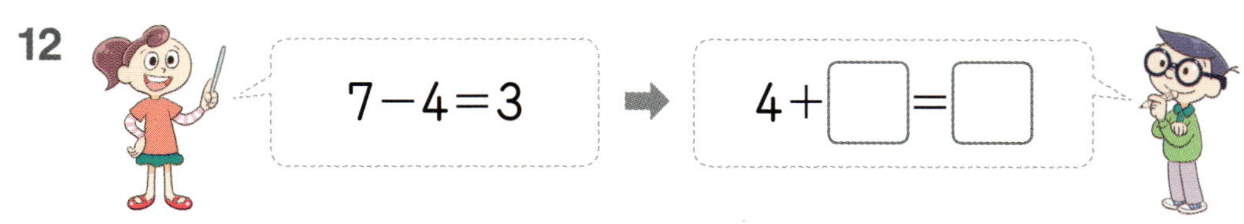

13

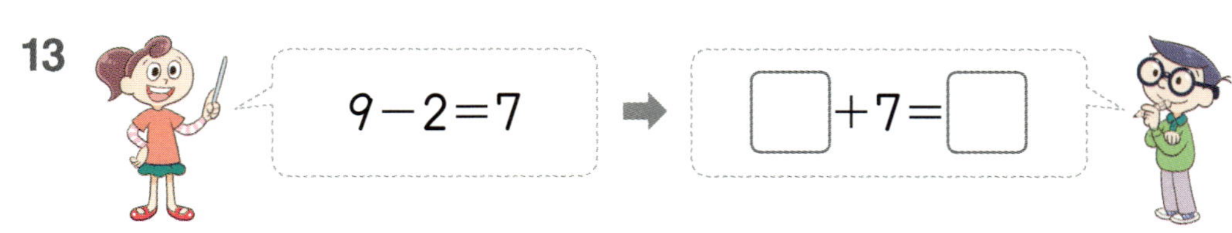

14

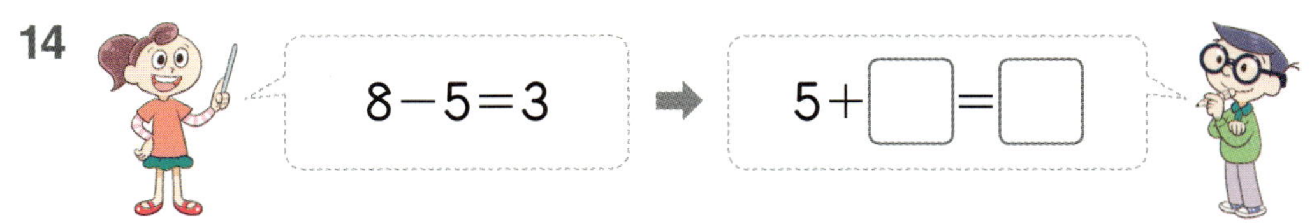

뺄셈식을 보고 덧셈식 만들기 (2)

✚ 5−2=3을 보고 덧셈식 만들기

$5-2=3$

$3+2=5$

● 뺄셈을 하고, 덧셈식을 만들어 보세요.

1 $6-2=\boxed{}$

$\boxed{}+2=6$

2 $7-5=\boxed{}$

$\boxed{}+5=7$

3 $8-3=\boxed{}$

$\boxed{}+3=\boxed{}$

4 $9-1=\boxed{}$

$\boxed{}+1=\boxed{}$

5 $7-4=\boxed{}$

$\boxed{}+4=\boxed{}$

6 $5-4=\boxed{}$

$\boxed{}+4=\boxed{}$

7 $6-1=\boxed{}$

$\boxed{}+1=\boxed{}$

8 $8-2=\boxed{}$

$\boxed{}+2=\boxed{}$

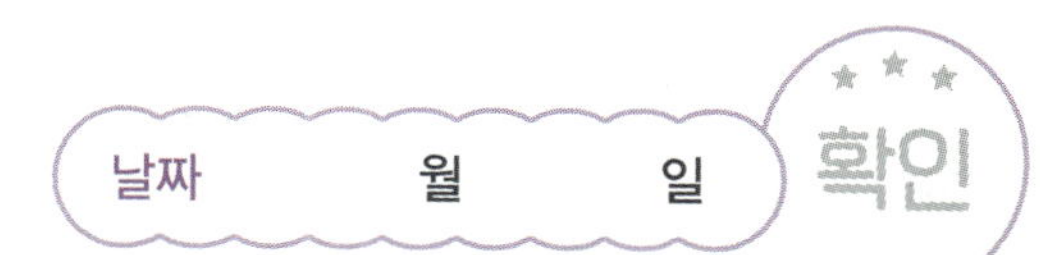

● 뺄셈식을 보고 덧셈식을 바르게 만든 것에 ○표, 잘못 만든 것에 ×표 하세요.

9

$6-2=4$

↓

$4+2=6$

대

(   )

10

$7-3=4$

↓

$4-3=7$

균

(   )

11

$9-6=3$

↓

$6+9=3$

사

(   )

12

$7-6=1$

↓

$6+7=1$

임

(   )

13

$9-5=4$

↓

$4+5=9$

세

(   )

14

$8-1=7$

↓

$7+1=8$

왕

(   )

15

$5-3=2$

↓

$3+4=7$

신

(   )

16

$8-7=1$

↓

$1+7=8$

종

(   )

17

$8-6=2$

↓

$6+3=8$

당

(   )

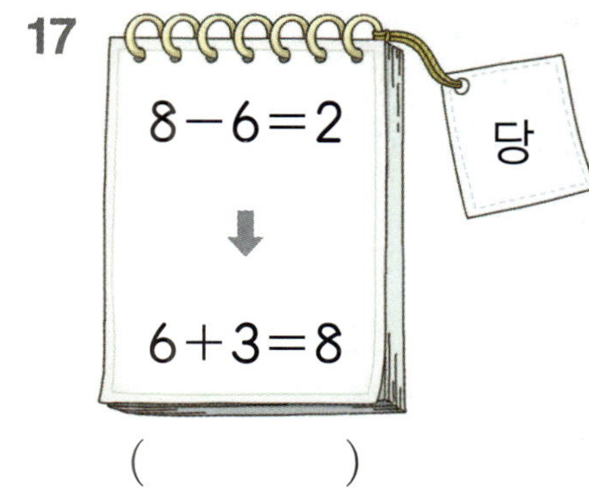

06 뺄셈식을 보고 덧셈식 만들기 (3)

✤ 5−2＝3을 보고 덧셈식 만들기

$$5-2=3 \begin{cases} 3+2=5 \\ 2+3=5 \end{cases}$$

● 뺄셈을 하고, 덧셈식을 만들어 보세요.

1

$$6-1=\square \begin{cases} 5+\square=6 \\ 1+\square=6 \end{cases}$$

2

$$7-3=\square \begin{cases} 4+\square=7 \\ 3+\square=7 \end{cases}$$

3

$$8-2=\square \begin{cases} \square+2=8 \\ \square+6=8 \end{cases}$$

4

$$5-4=\square \begin{cases} \square+4=5 \\ \square+1=5 \end{cases}$$

5

$$7-5=\square \begin{cases} 2+\square=7 \\ 5+\square=7 \end{cases}$$

6

$$6-2=\square \begin{cases} 4+\square=6 \\ 2+\square=6 \end{cases}$$

7

$$9-4=\square \begin{cases} 5+\square=9 \\ 4+\square=9 \end{cases}$$

8

$$9-3=\square \begin{cases} 6+\square=9 \\ 3+\square=9 \end{cases}$$

● 뺄셈을 하고, 덧셈식을 만들어 보세요.

9

$4-3=\boxed{}$
$\quad 1+\boxed{}=4$
$\quad \boxed{}+\boxed{}=4$

10

$3-1=\boxed{}$
$\quad \boxed{}+1=\boxed{}$
$\quad \boxed{}+2=\boxed{}$

11

$5-1=\boxed{}$
$\quad \boxed{}+1=5$
$\quad 1+\boxed{}=5$

12

$4-0=\boxed{}$
$\quad 4+\boxed{}=4$
$\quad \boxed{}+4=4$

13

$6-4=\boxed{}$
$\quad \boxed{}+4=6$
$\quad 4+\boxed{}=6$

14

$7-4=\boxed{}$
$\quad 3+\boxed{}=7$
$\quad \boxed{}+3=7$

15

$7-2=\boxed{}$
$\quad 5+\boxed{}=\boxed{}$
$\quad \boxed{}+5=7$

16

$8-5=\boxed{}$
$\quad \boxed{}+5=\boxed{}$
$\quad 5+\boxed{}=\boxed{}$

● 그림을 보고 덧셈식과 뺄셈식을 만들어 보세요.

1

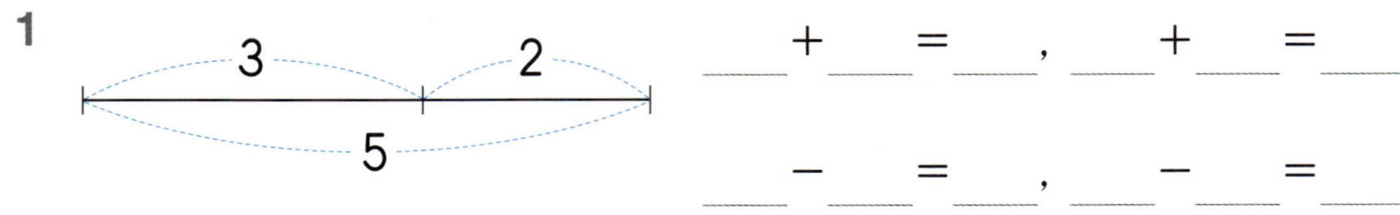

___ + ___ = ___ , ___ + ___ = ___

___ − ___ = ___ , ___ − ___ = ___

2

___ + ___ = ___ , ___ + ___ = ___

___ − ___ = ___ , ___ − ___ = ___

3

___ + ___ = ___ , ___ + ___ = ___

___ − ___ = ___ , ___ − ___ = ___

4

___ + ___ = ___ , ___ + ___ = ___

___ − ___ = ___ , ___ − ___ = ___

5

___ + ___ = ___ , ___ + ___ = ___

___ − ___ = ___ , ___ − ___ = ___

● 수 카드를 사용하여 덧셈식 2개와 뺄셈식 2개를 만들어 보세요.

6   

$$\square + \square = \square$$
$$\square + \square = \square$$
$$\square - \square = \square$$
$$\square - \square = \square$$

7

$$\square + \square = \square$$
$$\square + \square = \square$$
$$\square - \square = \square$$
$$\square - \square = \square$$

8  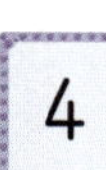

$$\square + \square = \square$$
$$\square + \square = \square$$
$$\square - \square = \square$$
$$\square - \square = \square$$

9

$$\square + \square = \square$$
$$\square + \square = \square$$
$$\square - \square = \square$$
$$\square - \square = \square$$

● 같은 색깔의 막대는 같은 수를 나타낼 때, 막대를 보고 덧셈식 2개와 뺄셈식 2개를 만들어 보세요.

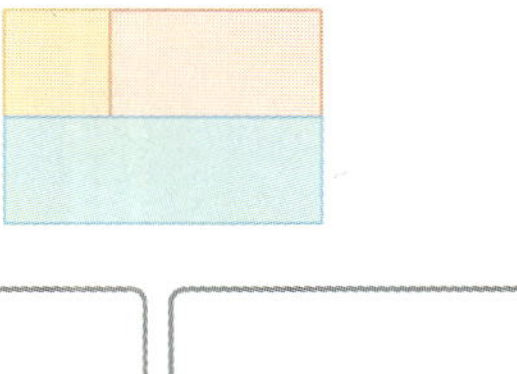

10

11

12

● 덧셈식을 보고 뺄셈식을 만들어 보세요.

1
$3+4=7$
$7-4=\square$
$7-\square=\square$

2
$2+7=9$
$9-7=\square$
$9-\square=\square$

3
$3+1=4$
$4-1=\square$
$4-\square=\square$

4
$1+8=9$
$9-8=\square$
$9-\square=\square$

5
$5+3=8$
$8-3=\square$
$8-\square=\square$

6
$4+5=9$
$9-5=\square$
$9-\square=\square$

● 뺄셈식을 보고 덧셈식을 만들어 보세요.

7
$3-2=1$
$1+2=\square$
$\square+1=\square$

8
$7-5=2$
$2+\square=7$
$\square+2=\square$

9
$9-6=3$
$3+6=\square$
$\square+3=\square$

10
$8-5=3$
$3+\square=8$
$\square+3=\square$

11
$5-1=4$
$4+1=\square$
$\square+4=\square$

12
$6-4=2$
$2+4=\square$
$\square+2=\square$

● 세 수를 이용하여 덧셈식 2개와 뺄셈식 2개를 만들어 보세요.

13　１ ７ ８

☐+☐=☐ , ☐+☐=☐
☐−☐=☐ , ☐−☐=☐

14　９ ３ ６

☐+☐=☐ , ☐+☐=☐
☐−☐=☐ , ☐−☐=☐

15　２ ９ ７

☐+☐=☐ , ☐+☐=☐
☐−☐=☐ , ☐−☐=☐

16　５ １ ６

☐+☐=☐ , ☐+☐=☐
☐−☐=☐ , ☐−☐=☐

17　４ ６ ２

☐+☐=☐ , ☐+☐=☐
☐−☐=☐ , ☐−☐=☐

세 수의 덧셈, 뺄셈

음…. 어쩌면 이 녀석들이라면?
빨리 불 꺼줘! 난 눈싸움을 하고 싶다고…!
왁!
왁!
왁!
왁!
사실은 말이야…. 나도 불을 끄고 싶은데~.
굵적
굵적
그래요! 문제도 풀었잖아요.
뭐? 난로에 불을 끄는 비밀번호를 모른다고?
화 르 르 룩
2+2+3
9-2-3
설마 그렇게 쉽게 풀 줄 몰랐어.
아까는 문제를 풀면 불을 꺼준다면서요!
2+2+3
난로 양쪽의 세 수의 계산을 하면 불을 끌 수 있어.
9-2-3
머뭇
머뭇
음….
너희가 할 수 있을까?
난 덧셈은 뭐든 자신 있어.
내가 도와 줄게요.
저만 믿으세요!

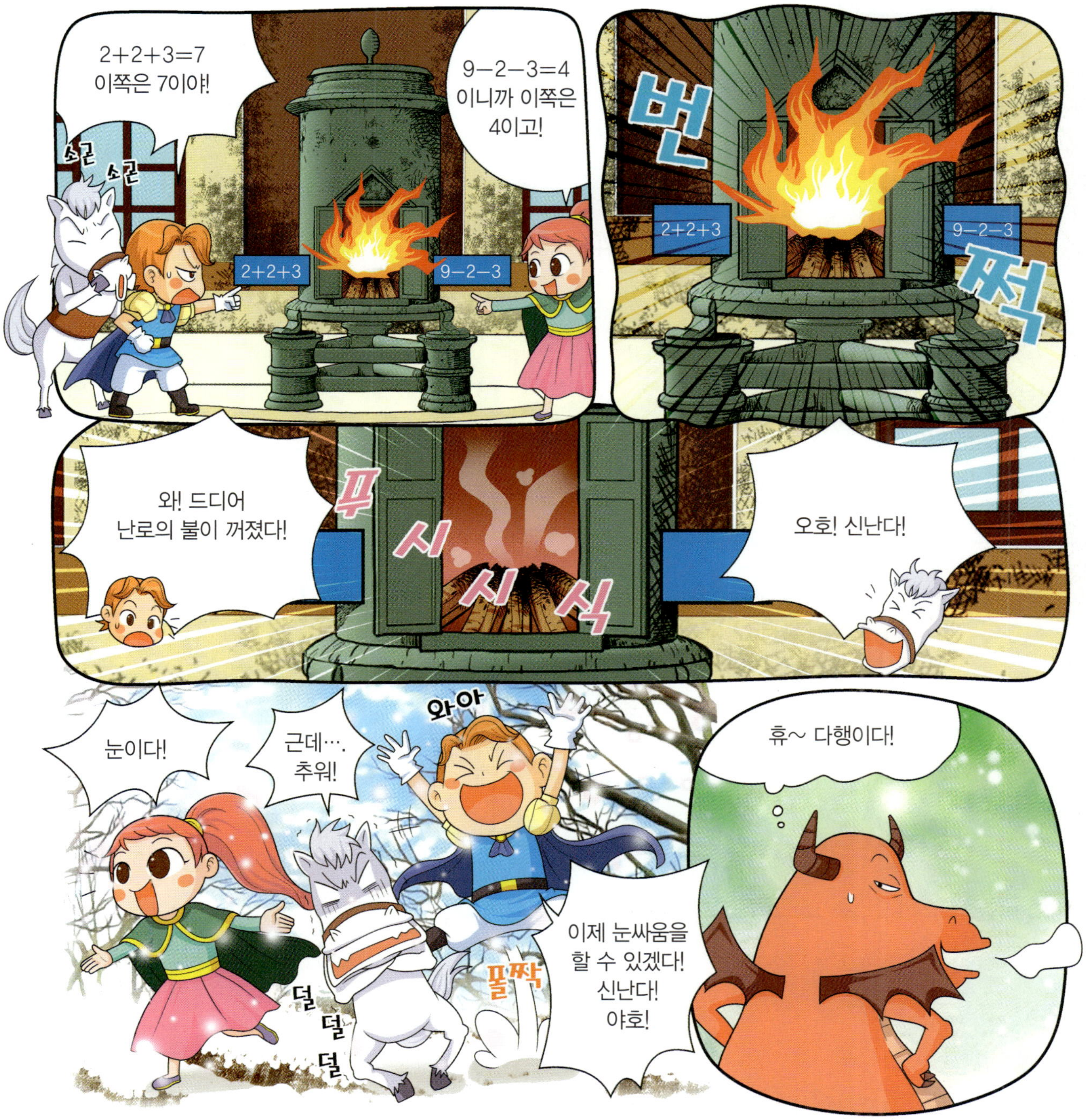

▶ 더하고 더하기
▶ 빼고 빼기
▶ 더하고 빼기
▶ 빼고 더하기

연산력 게임

스마트폰을 이용하여 QR을 찍으면 재미있는 연산 게임을 할 수 있습니다.

더하고 더하기

✚ 모두 몇 개인지 알아보기

$$1 + 1 + 2 = 4$$

● 덧셈식을 만들어 보세요.

1

$$3 + 2 + 1 = \boxed{}$$

2

$$4 + 1 + 2 = \boxed{}$$

3

4

5

6

● 모두 몇 개인지 덧셈식으로 나타내 보세요.

7

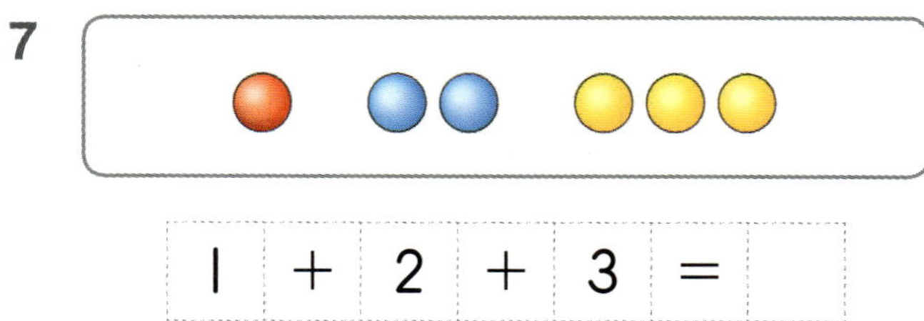

| 1 | + | 2 | + | 3 | = | |

8

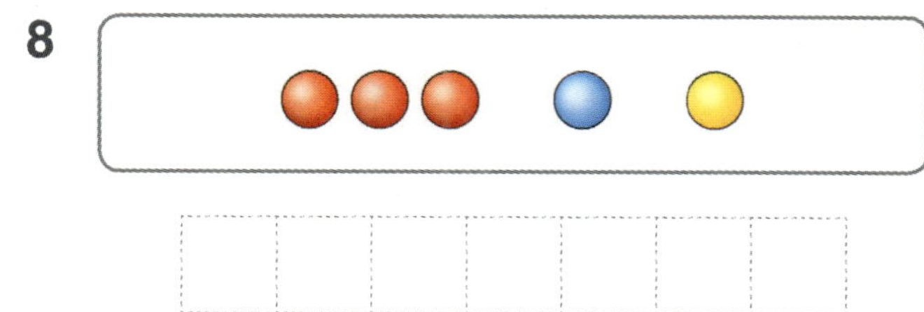

9

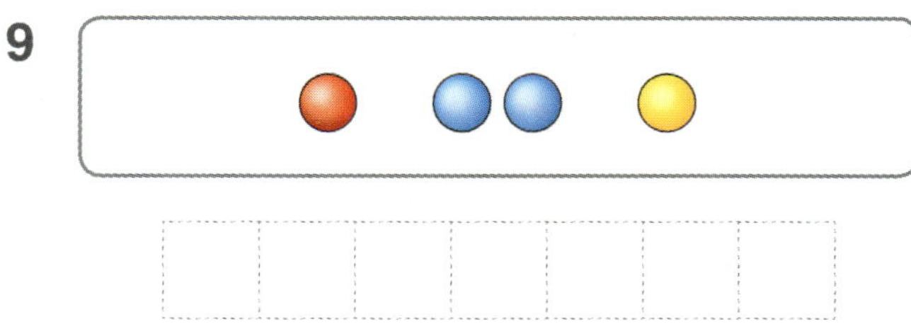

10

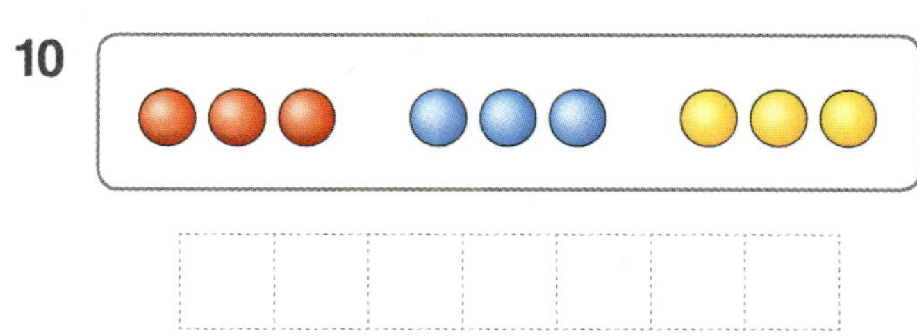

11

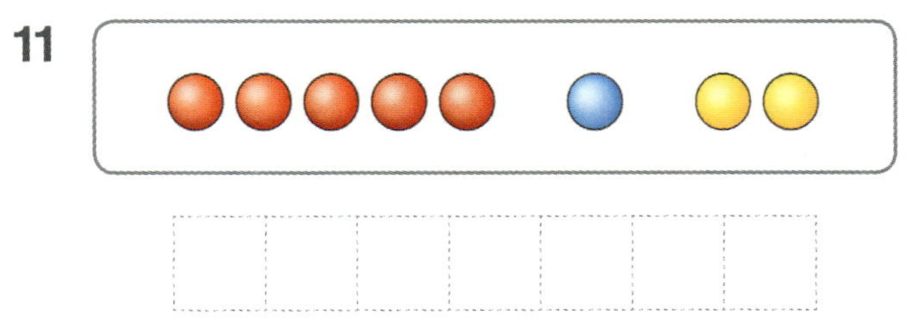

12

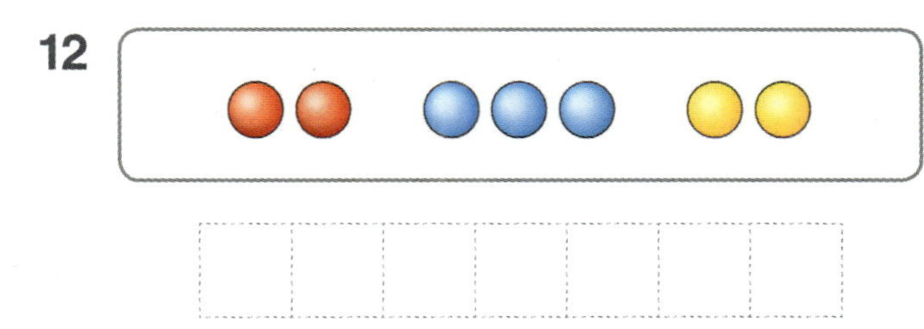

13

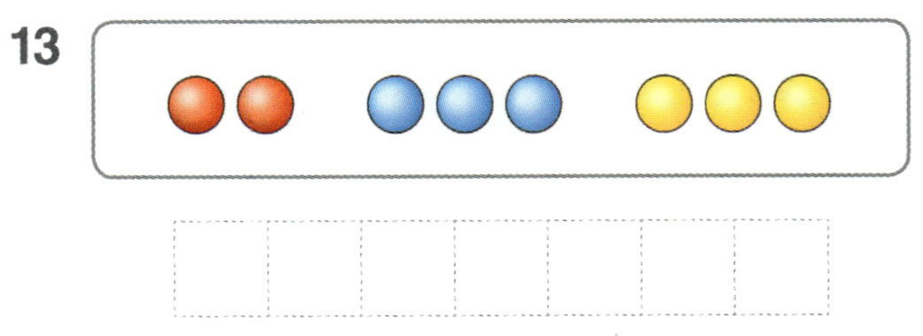

14

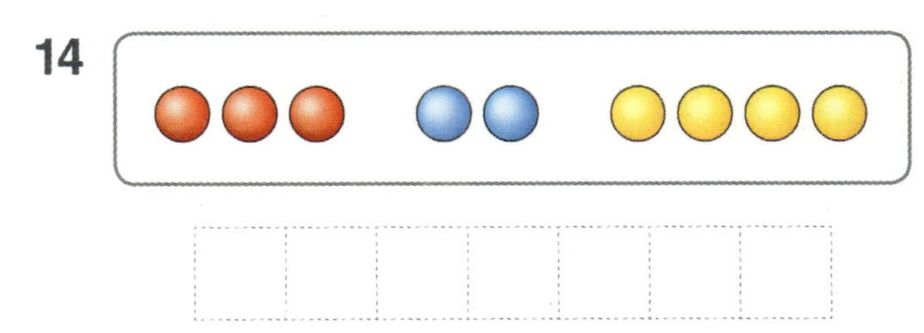

02 빼고 빼기

✤ 남은 구슬의 수 알아보기

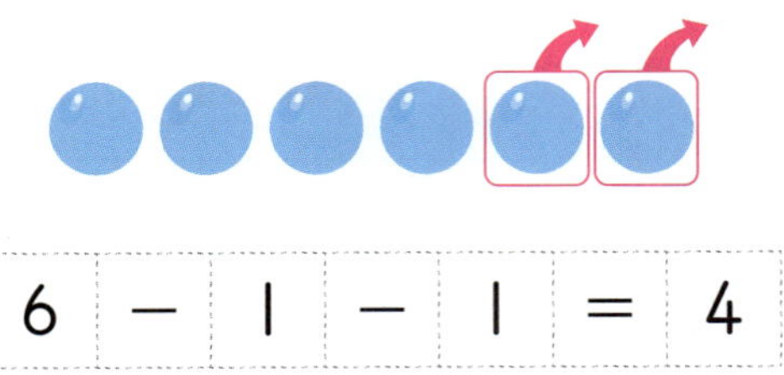

$$6 - 1 - 1 = 4$$

● 남은 구슬의 수를 알아보는 뺄셈식을 써 보세요.

1

$$6 - 2 - 1 = \boxed{}$$

2

$$6 - 2 - 3 = \boxed{}$$

3

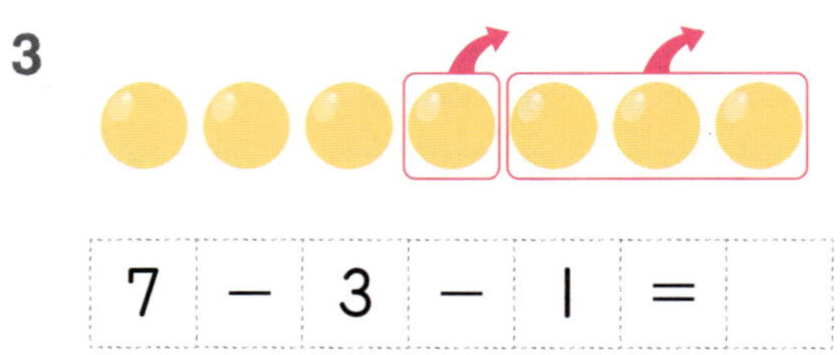

$$7 - 3 - 1 = \boxed{}$$

4

$$7 - 2 - 4 = \boxed{}$$

5

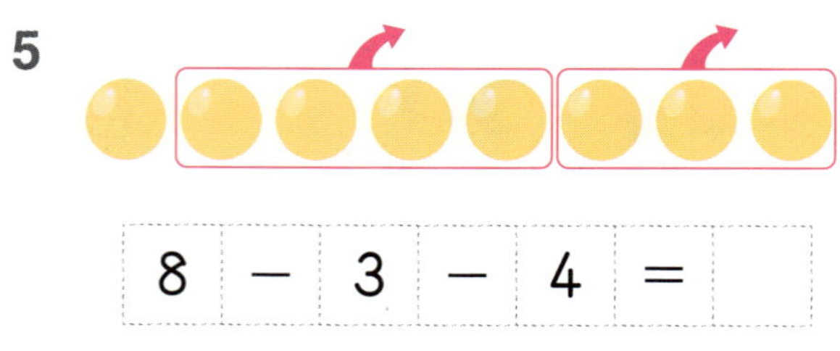

$$8 - 3 - 4 = \boxed{}$$

6

$$8 - 2 - 3 = \boxed{}$$

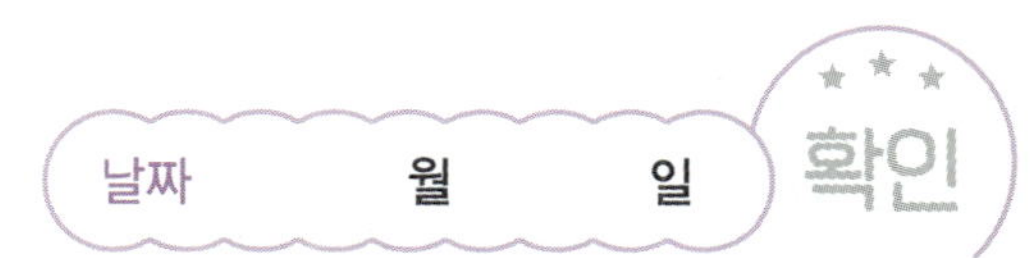

● 먹은 과일의 수만큼 /으로 지우고 남은 과일의 수를 구하세요.

7

아침에 1개, 저녁에 1개를 먹었습니다.

$$5 - 1 - 1 = \boxed{}$$

8

세호가 2개, 동생이 1개를 먹었습니다.

$$6 - 2 - 1 = \boxed{}$$

9

은수가 1개, 언니가 3개를 먹었습니다.

$$6 - 1 - 3 = \boxed{}$$

10

주하가 3개, 언니가 2개를 먹었습니다.

$$6 - 3 - 2 = \boxed{}$$

11

엄마가 1개, 아빠가 2개를 드셨습니다.

$$8 - 1 - 2 = \boxed{}$$

12

언니가 3개, 오빠가 2개를 먹었습니다.

$$5 - 3 - 2 = \boxed{}$$

13

형이 2개, 동생이 3개를 먹었습니다.

$$7 - 2 - 3 = \boxed{}$$

14

아침에 4개, 저녁에 3개를 먹었습니다.

$$7 - 4 - 3 = \boxed{}$$

03 더하고 빼기

✤ 5+1−2를 계산하기

$$5+1-2=\boxed{4}$$

$$5+1=\boxed{6}$$

$$\boxed{6}-2=\boxed{4}$$

● 계산해 보세요.

1 $6+2-3=\boxed{}$

$6+2=\boxed{}$

$\boxed{}-3=\boxed{}$

2 $5+3-4=\boxed{}$

$5+3=\boxed{}$

$\boxed{}-4=\boxed{}$

3 $7+2-5=\boxed{}$

$7+2=\boxed{}$

$\boxed{}-5=\boxed{}$

4 $8+1-3=\boxed{}$

$8+1=\boxed{}$

$\boxed{}-3=\boxed{}$

5 $6+3-4=\boxed{}$

$6+3=\boxed{}$

$\boxed{}-4=\boxed{}$

6 $5+4-6=\boxed{}$

$5+4=\boxed{}$

$\boxed{}-6=\boxed{}$

● 세 수의 계산을 하여 답에 색칠해 보세요.

7
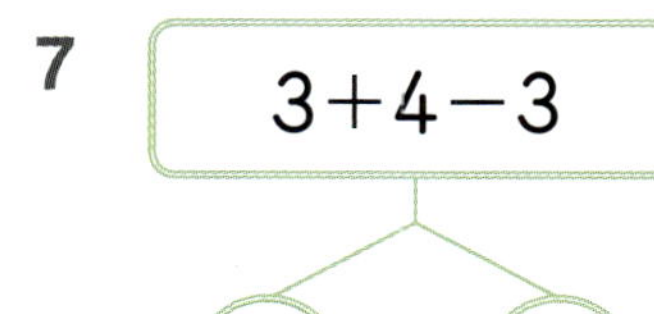
$$3+4-3$$
4   3

8
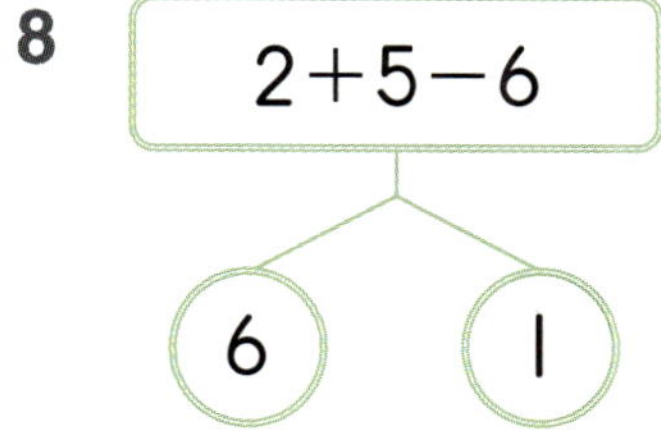
$$2+5-6$$
6   1

9
$$6+2-4$$
3   4

10
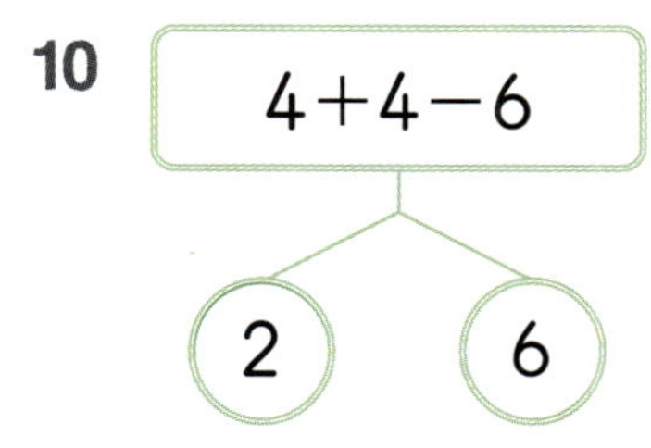
$$4+4-6$$
2   6

11
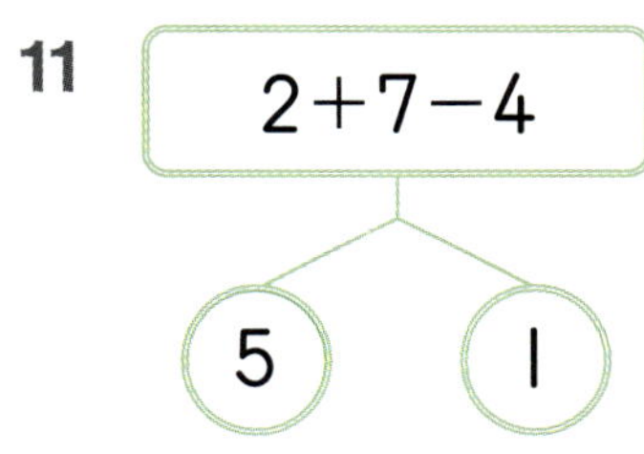
$$2+7-4$$
5   1

12
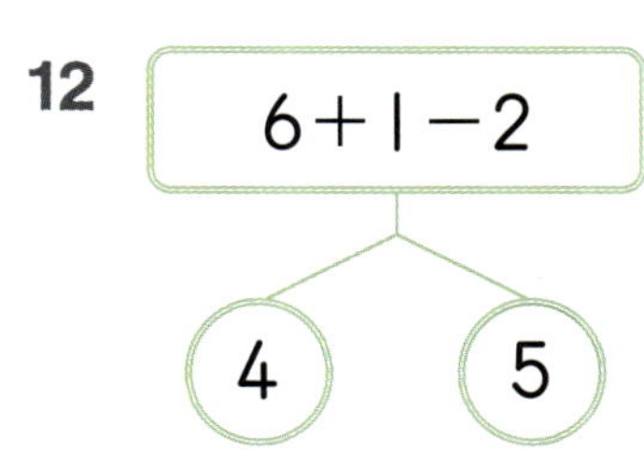
$$6+1-2$$
4   5

13
$$8+1-3$$
6   3

14
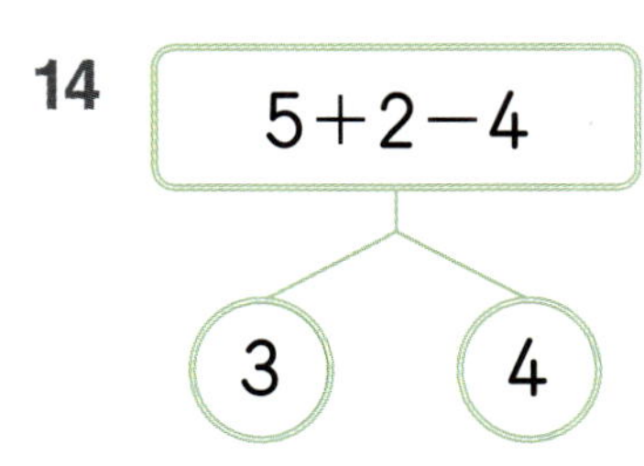
$$5+2-4$$
3   4

15
$$7+1-6$$
1   2

16
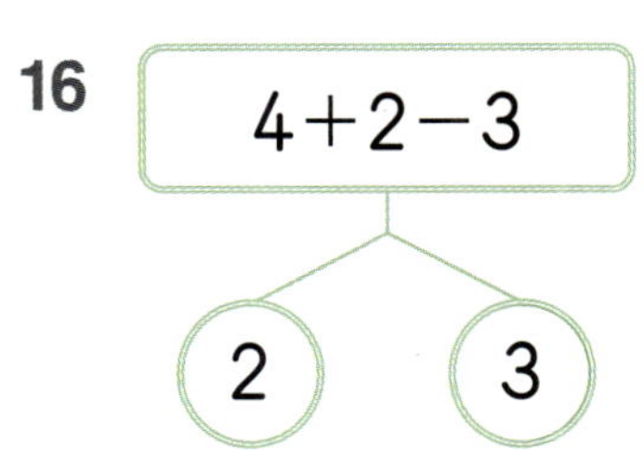
$$4+2-3$$
2   3

04 빼고 더하기

✤ 8−2+3을 계산하기

$$8-2+3=\boxed{9}$$

$$8-2=\boxed{6}$$

$$\boxed{6}+3=\boxed{9}$$

● 계산해 보세요.

1　$9-6+1=\boxed{}$

　$9-6=\boxed{}$

　$\boxed{}+1=\boxed{}$

2　$6-3+4=\boxed{}$

　$6-3=\boxed{}$

　$\boxed{}+4=\boxed{}$

3　$5-4+2=\boxed{}$

　$5-4=\boxed{}$

　$\boxed{}+2=\boxed{}$

4　$8-6+7=\boxed{}$

　$8-6=\boxed{}$

　$\boxed{}+7=\boxed{}$

5　$7-5+3=\boxed{}$

　$7-5=\boxed{}$

　$\boxed{}+3=\boxed{}$

6　$6-5+8=\boxed{}$

　$6-5=\boxed{}$

　$\boxed{}+8=\boxed{}$

7 바르게 계산한 곳의 모자에 색칠해 보세요.

● 단추가 다음과 같이 들어 있는 상자에서 단추 몇 개를 꺼낸 후 다시 몇 개를 넣었습니다. 단추는 모두 몇 개인지 알아보세요.

1

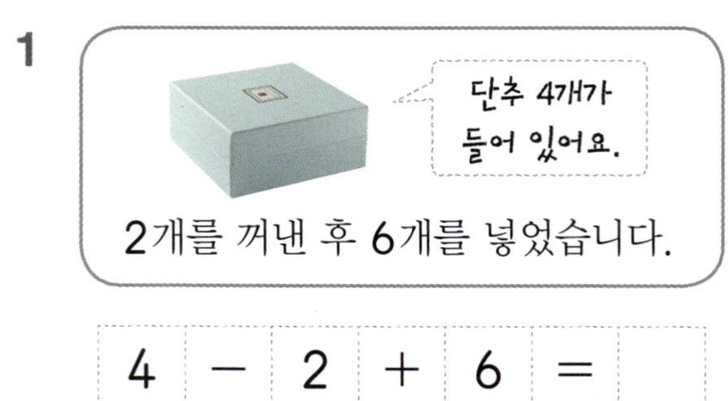

4 − 2 + 6 =

2

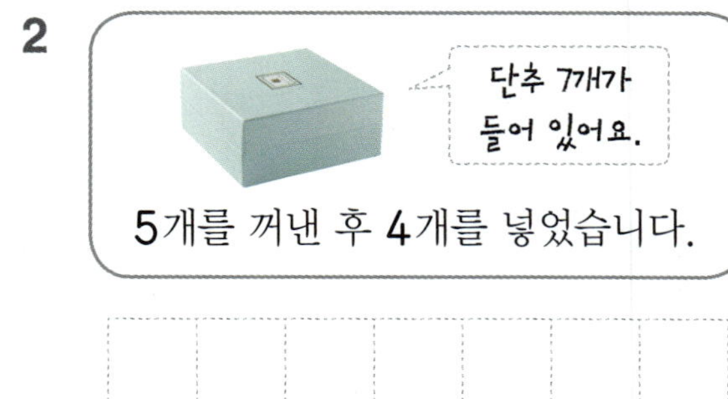

3

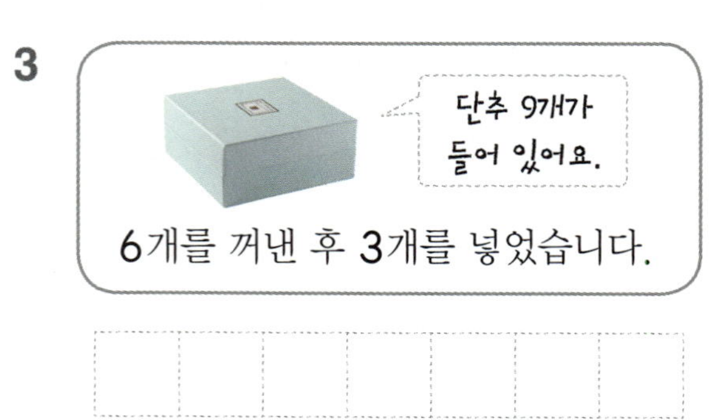

4

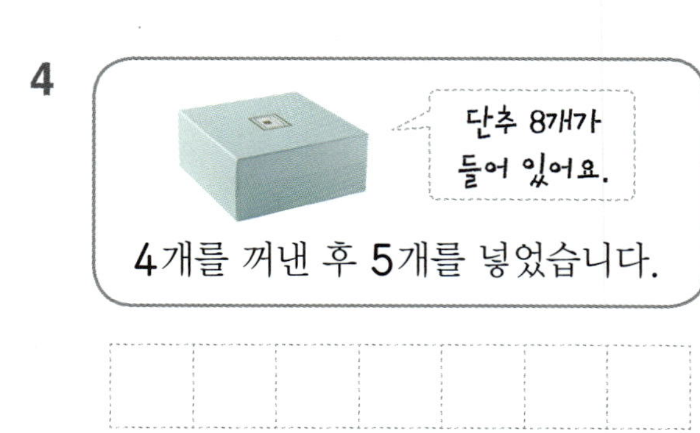

● 고리가 걸린 곳에 쓰여 있는 수를 모두 더하는 덧셈식을 쓰고 계산해 보세요.

5

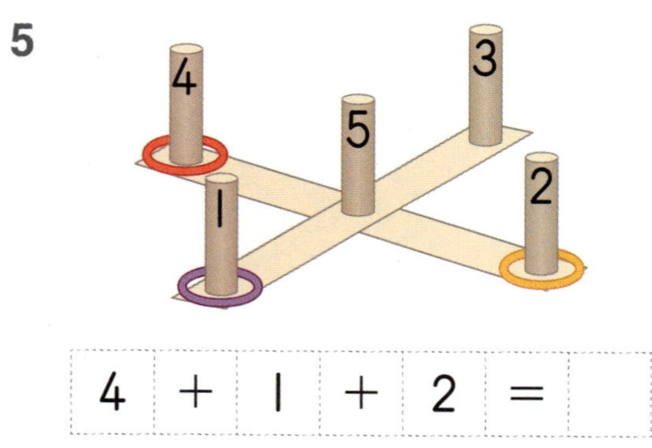

4 + 1 + 2 =

6

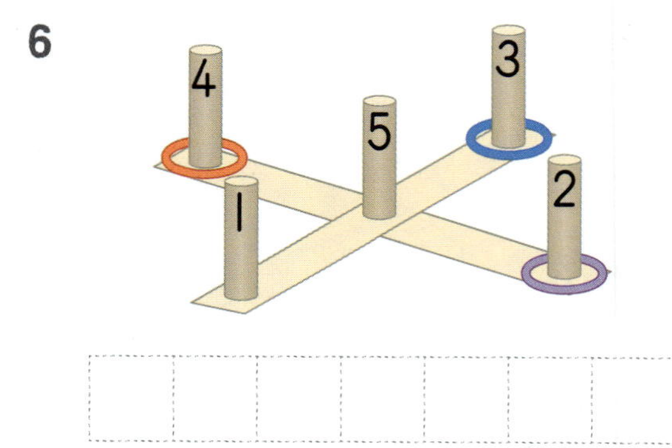

7

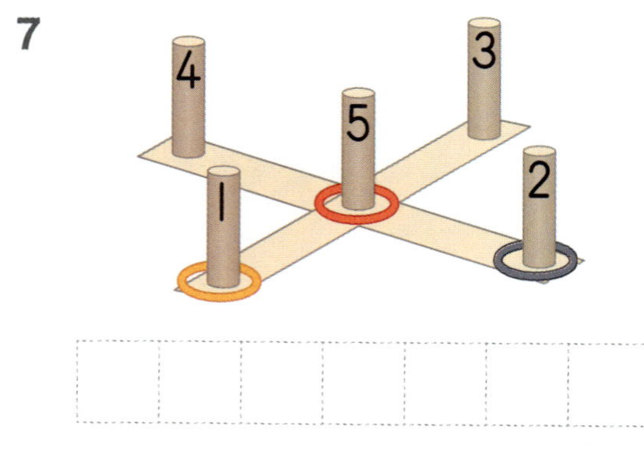

8

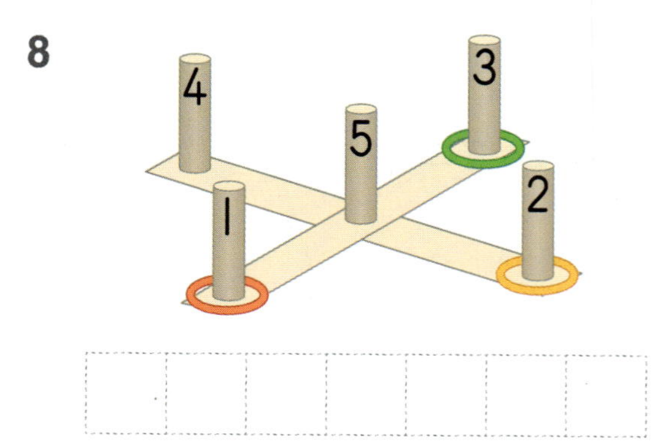

● 가장 왼쪽의 수 카드에 적힌 수에서 나머지 수를 차례대로 빼는 뺄셈식을 써 보세요.

9     4   2   1

4 − 2 − 1 =

10   9   3   2

11   5   4   1

12   5   3   2

13   6   2   1

14   7   4   2

15   5   1   1

16   6   2   2

17   7   3   1

18   8   7   1

● 빈칸에 알맞은 수를 써넣으세요.

1
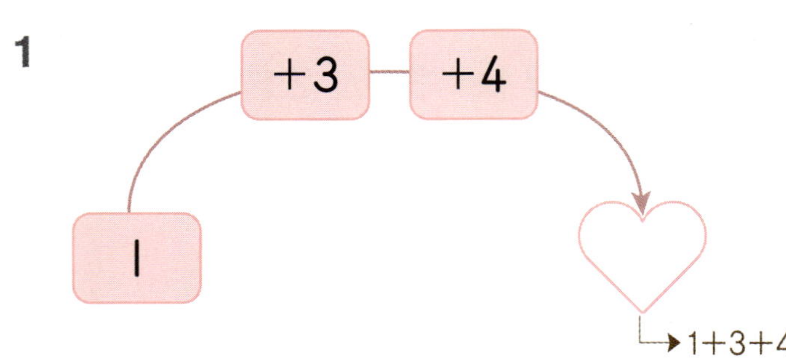

2
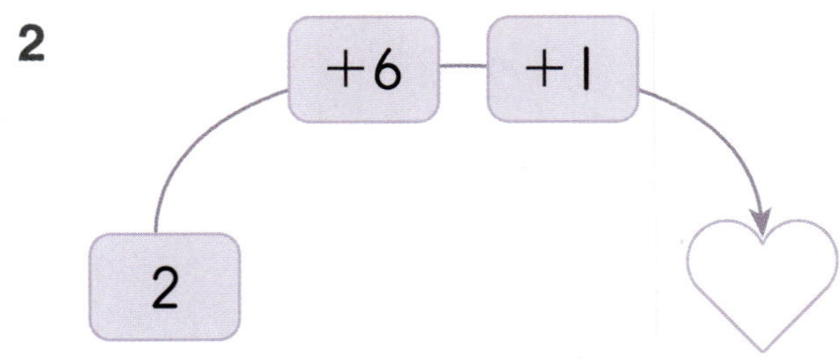

3
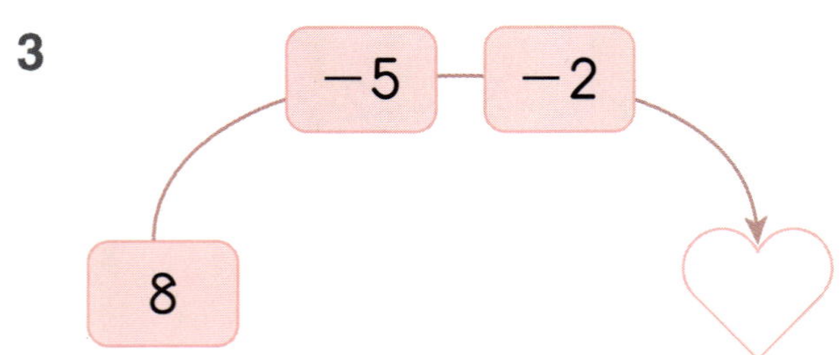

4
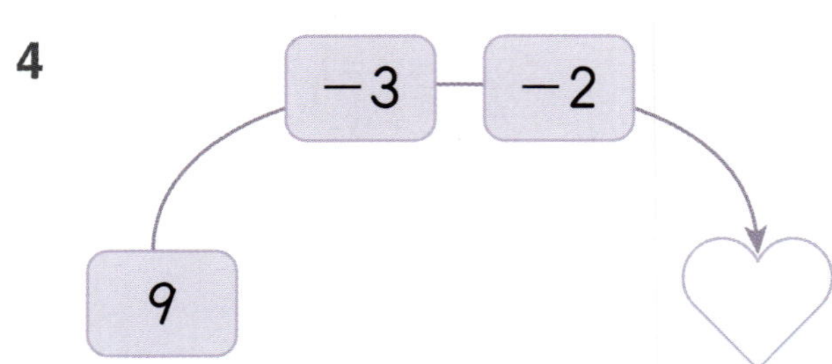

5
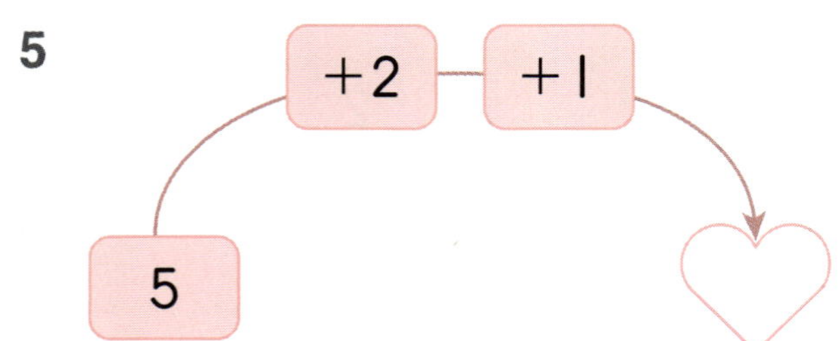

6
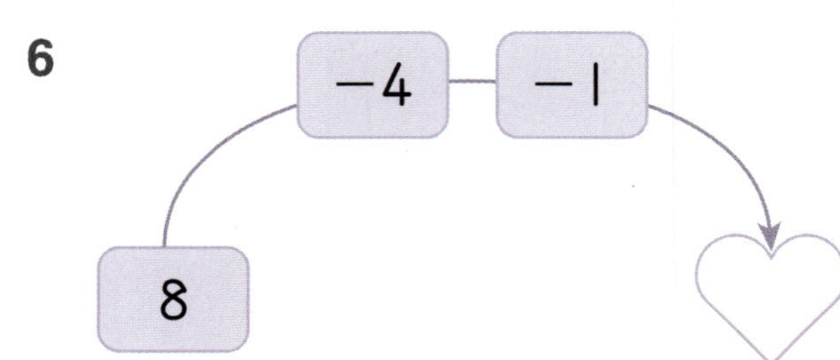

7
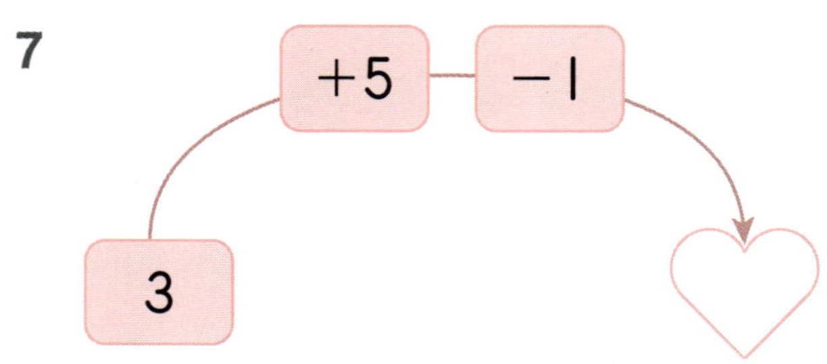

8
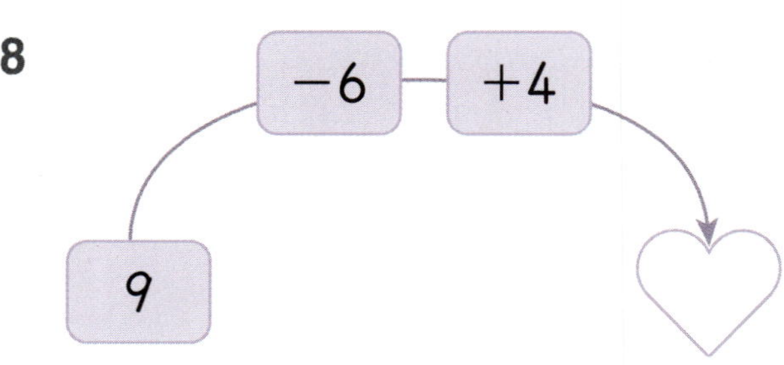

9
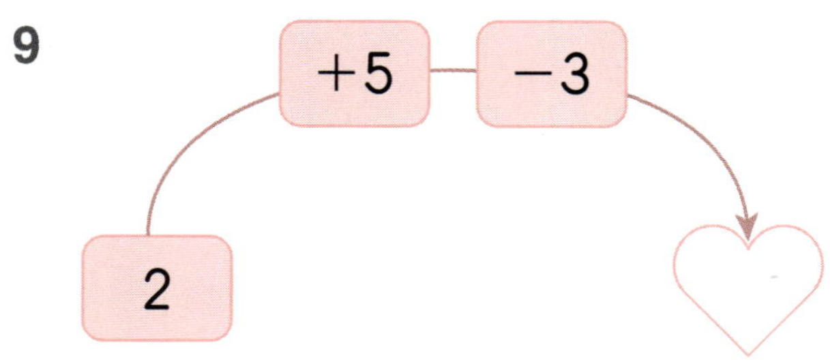

10
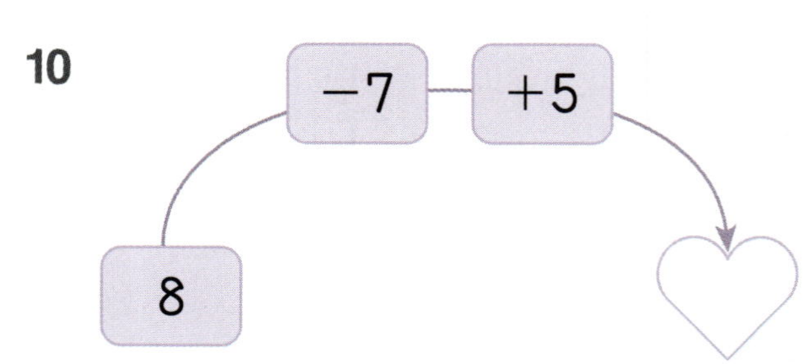

11 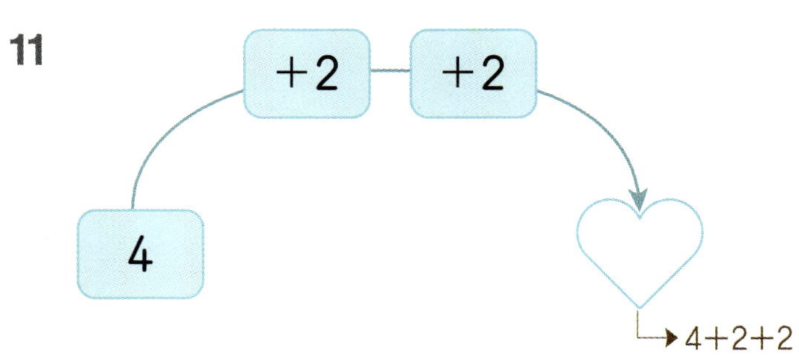

12 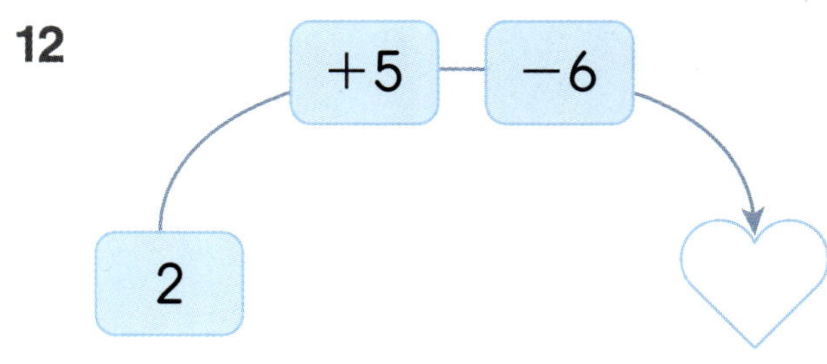

13 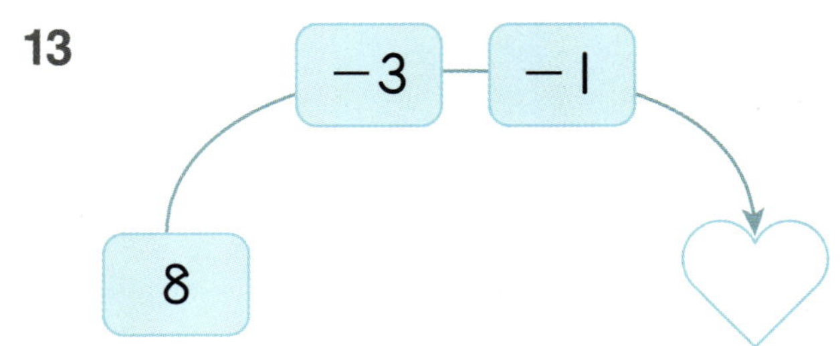

14 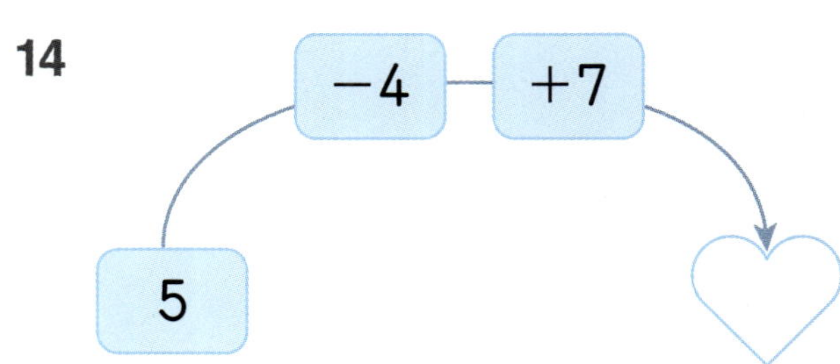

15 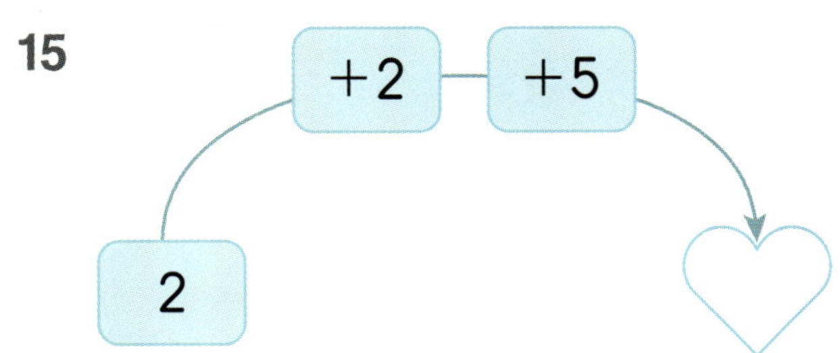

16 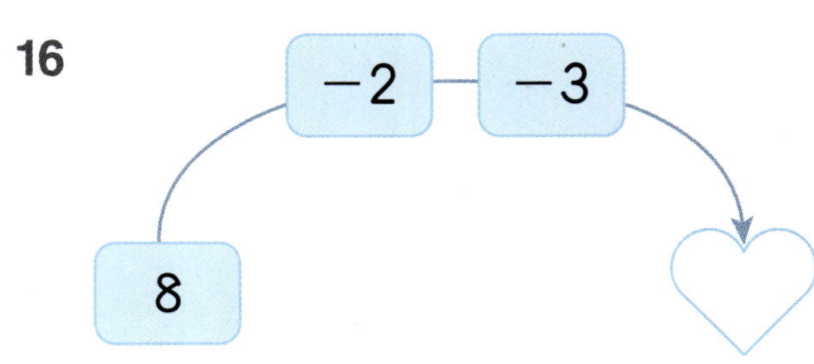

17 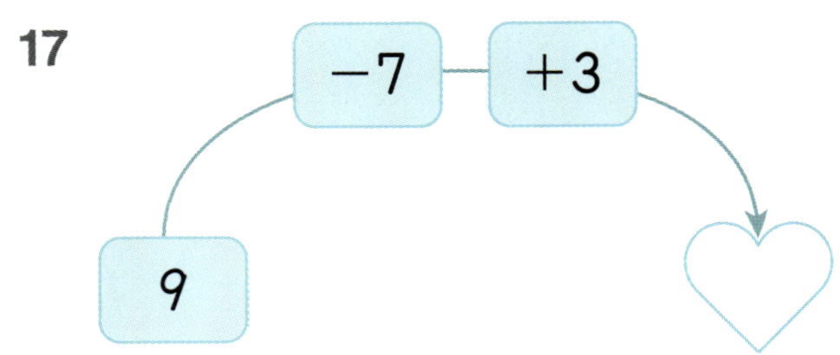

18 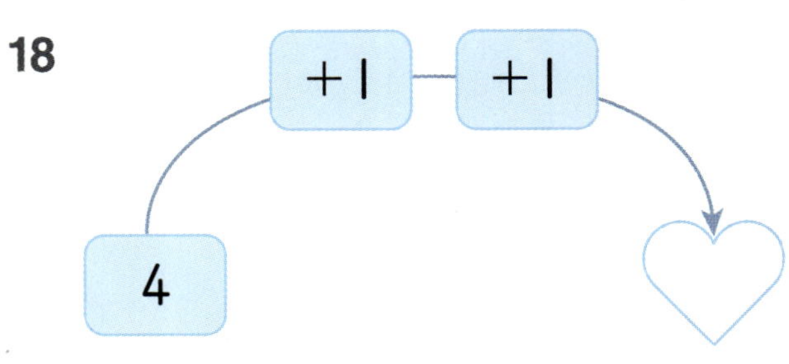

19 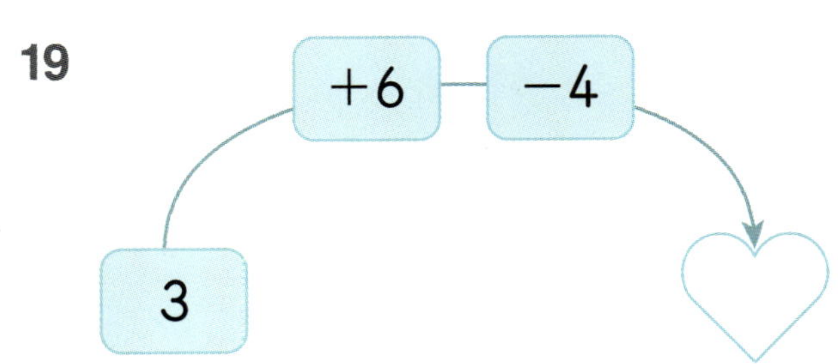

20 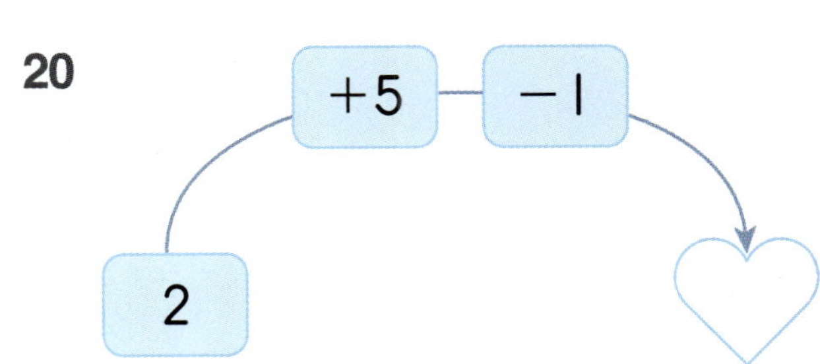

● 세 수의 계산을 하세요.

1 $2+1+1$

$3+2+2$

2 $2+2+1$

$3+3+2$

3 $6-2-1$

$5-2-3$

4 $9-3-1$

$7-3-2$

5 $4+2+3$

$4+1+2$

6 $7-1-3$

$8-3-4$

7 $6+2-1$

$3+3-1$

8 $8-2+1$

$8-3+2$

9 $4+3-2$

$8-4+1$

10 $7-1+3$

$6-3+1$

11 $5-1+3$

$8-5+2$

12 $8-2+3$

$7-4+1$

13 $8-2-2$

$9-4-4$

14 $1+2+3$

$2+3+4$

15 $7-6+4$

$6-5+4$

16 $7-5-1$

$3+1+4$

17 $4+5-3$

$6+2-7$

18 $5+2-4$

$6+3-8$

19 $7+1-5$

$4+5-7$

20 $1+6-3$

$5+4-6$

☀ 여러 가지 방법으로 숫자를 써 보아요

우리가 알고 쓰는 숫자는 다음과 같아요.

0, 1, 2, 3, 4, 5, 6, 7, 8, 9

그런데 다른 방법으로 나타내기도 한답니다.

사진과 같은 시계를 본 적이 있나요?
시계에 쓰인 글자는 옛날 로마 사람들이 사용하던 숫자입니다.

1	2	3	4	5	6
I	II	III	IV	V	VI
7	8	9	10	11	12
VII	VIII	IX	X	XI	XII

❖ 이번에는 시각장애인들이 사용하는 점자로 숫자를 어떻게 나타내는지 알아볼까요?

1	2	3	4	5
⠼	⠼	⠼	⠼	⠼

6	7	8	9	0
⠼	⠼	⠼	⠼	⠼

水 漁 之 交

물 물고기 갈 사귈

수 어 지 교

물고기에게 물은 정말 소중한 존재이지요.
수어지교란 물고기와 물의 관계처럼,
아주 친밀하여 떨어질 수 없는 사이
또는 깊은 우정을 일컫는 말이랍니다.

똑똑한 하루
빅터
연산
정답 및 풀이
1·A
초등 1 수준
천재교육

정답 및 풀이
포인트 3가지

▶ 쉽게 찾을 수 있는 정답

▶ 알아보기 쉽게 정리된 정답

▶ 혼자서도 이해할 수 있는 친절한 문제 풀이

1　9까지의 수

01　수 세기　8~9쪽

1. ○ ○ □ □ □
2. ○ ○ ○ □ □
3. ○ □ □ □ □
4. ○ ○ ○ ○ ○
5. ○ ○ ○ ○ □
6. ○ □ □ □ □
7. ○ ○ ○ □ □
8. ○ ○ □ □ □
9. ○ □ □ □ □
10. ○ ○ ○ ○ ○
11. ○ ○ ○ ○ □

1. 필통의 수를 세어 보면 하나, 둘이므로 ○를 2개 그립니다.
2. 토끼 인형의 수를 세어 보면 하나, 둘, 셋이므로 ○를 3개 그립니다.
3. 가방의 수를 세어 보면 하나이므로 ○를 1개 그립니다.
4. 머리핀의 수를 세어 보면 하나, 둘, 셋, 넷, 다섯이므로 ○를 5개 그립니다.
5. 자동차의 수를 세어 보면 하나, 둘, 셋, 넷이므로 ○를 4개 그립니다.
6. 늑대의 수를 세어 보면 하나이므로 ○를 1개 그립니다.
7. 돼지의 수를 세어 보면 하나, 둘, 셋이므로 ○를 3개 그립니다.
8. 망치의 수를 세어 보면 하나, 둘이므로 ○를 2개 그립니다.
9. 사다리의 수를 세어 보면 하나이므로 ○를 1개 그립니다.
10. 꽃의 수를 세어 보면 하나, 둘, 셋, 넷, 다섯이므로 ○를 5개 그립니다.
11. 바위의 수를 세어 보면 하나, 둘, 셋, 넷이므로 ○를 4개 그립니다.

02　0, 1, 2, 3, 4, 5 알아보기　10~11쪽

1. 0, 3, 1, 4
2. 2, 0, 3, 1
3. 0, 2, 3, 5
4. 4, 2, 5
5. 4, 3, 3
6. 2, 5, 2
7. 1, 3, 5
8. 3, 5, 2

03　6, 7, 8, 9 알아보기　12~13쪽

1. 6, 8, 9
2. 9, 6, 8
3. 7, 8, 9

4. 

5. 

6. 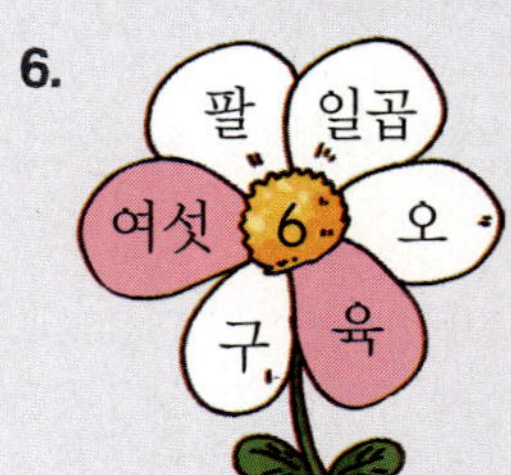

7. 

8. 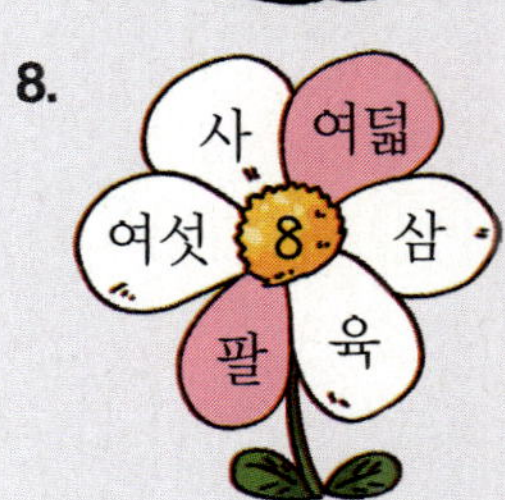

4. 8은 팔 또는 여덟이라고 읽습니다.

5. 7은 칠 또는 일곱이라고 읽습니다.

6. 6은 육 또는 여섯이라고 읽습니다.

7. 9는 구 또는 아홉이라고 읽습니다.

04 하나 더 많은 것, 하나 더 적은 것 **14~15쪽**

1. (△) (○) ( )
2. ( ) (○) (△)
3. ( ) (△) (○)
4. 5, 7
5. 7, 9
6. 2, 4
7. 4, 6
8. 1, 3
9. 6, 8
10. 3, 5

1. 다섯(5)보다 하나 더 많은 것은 여섯(6)이고, 다섯(5)보다 하나 더 적은 것은 넷(4)입니다.

2. 여덟(8)보다 하나 더 많은 것은 아홉(9)이고, 여덟(8)보다 하나 더 적은 것은 일곱(7)입니다.

3. 넷(4)보다 하나 더 많은 것은 다섯(5)이고, 넷(4)보다 하나 더 적은 것은 셋(3)입니다.

4. 6보다 1만큼 더 작은 수: 5
6보다 1만큼 더 큰 수: 7

5. 8보다 1만큼 더 작은 수: 7
8보다 1만큼 더 큰 수: 9

6. 3보다 1만큼 더 작은 수: 2
3보다 1만큼 더 큰 수: 4

7. 5보다 1만큼 더 작은 수: 4
5보다 1만큼 더 큰 수: 6

8. 2보다 1만큼 더 작은 수: 1
2보다 1만큼 더 큰 수: 3

9. 7보다 1만큼 더 작은 수: 6
7보다 1만큼 더 큰 수: 8

10. 4보다 1만큼 더 작은 수: 3
4보다 1만큼 더 큰 수: 5

05 수의 순서 ⑴ **16~17쪽**

1. 7 **2.** 5 **3.** 2
4. 3, 1 **5.** 8, 6

6. 3 ― 4 ― ~~7~~ ― 5 ― 6

7. 6 ― 7 ― ~~9~~ ― 8 ― 9

8. 4 ― 5 ― 6 ― ~~8~~ ― 7

9. 2 ― 3 ― ~~6~~ ― 4 ― 5

10. 5 ― ~~4~~ ― 6 ― 7 ― 8

11. 5 ― 4 ― 3 ― ~~6~~ ― 2

12. 7 ― 6 ― ~~8~~ ― 5 ― 4

13. 4 ― ~~5~~ ― 3 ― 2 ― 1

14. 8 ― 7 ― 6 ― ~~4~~ ― 5

15. 6 ― 5 ― 4 ― ~~7~~ ― 3

6. 3, 4, 5, 6으로 1씩 커지고 있으므로 7에 ×표 합니다.

7. 6, 7, 8, 9로 1씩 커지고 있으므로 9에 ×표 합니다.

8. 4, 5, 6, 7로 1씩 커지고 있으므로 8에 ×표 합니다.

9. 2, 3, 4, 5로 1씩 커지고 있으므로 6에 ×표 합니다.

10. 5, 6, 7, 8로 1씩 커지고 있으므로 4에 ×표 합니다.

11. 5, 4, 3, 2로 1씩 작아지고 있으므로 6에 ×표 합니다.

12. 7, 6, 5, 4로 1씩 작아지고 있으므로 8에 ×표 합니다.

13. 4, 3, 2, 1로 1씩 작아지고 있으므로 5에 ×표 합니다.

14. 8, 7, 6, 5로 1씩 작아지고 있으므로 1에 ×표 합니다.

15. 6, 5, 4, 3으로 1씩 작아지고 있으므로 7에 ×표 합니다.

06 수의 순서 ⑵   18~19쪽

1. 셋째, 다섯째, 아홉째

2. 첫째, 넷째, 여섯째, 여덟째

3. 둘째, 다섯째, 일곱째, 아홉째

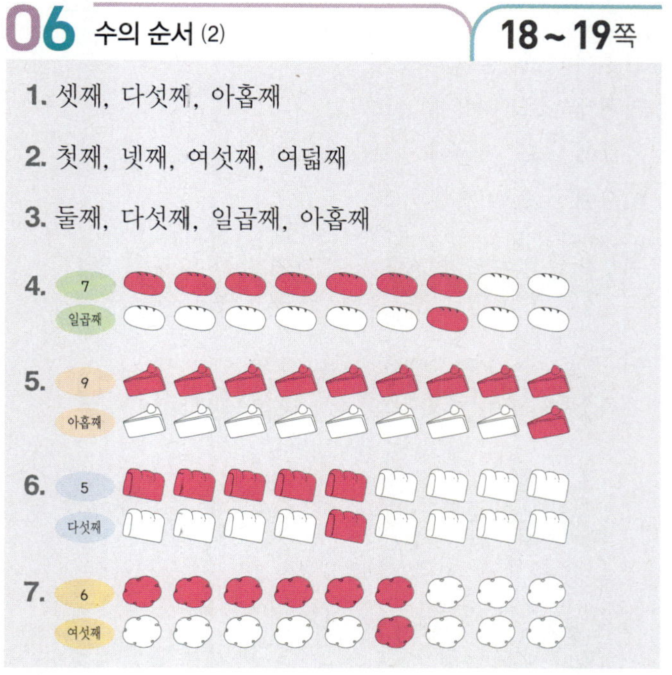

4. 7(일곱)은 수를 나타내므로 7개에 색칠하고 일곱째는 순서를 나타내므로 일곱째에 있는 그림 1개에만 색칠을 합니다.

5. 9(아홉)는 수를 나타내므로 9개에 색칠하고 아홉째는 순서를 나타내므로 아홉째에 있는 그림 1개에만 색칠을 합니다.

6. 5(다섯)는 수를 나타내므로 5개에 색칠하고 다섯째는 순서를 나타내므로 다섯째에 있는 그림 1개에만 색칠을 합니다.

7. 6(여섯)은 수를 나타내므로 6개에 색칠하고 여섯째는 순서를 나타내므로 여섯째에 있는 그림 1개에만 색칠을 합니다.

07 두 수의 크기 비교   20~21쪽

1. 5, 7

2. 7, 6 ; 6, 7

3. 8, 6 ; 6, 8

4. 왼쪽 구슬은 2개이고 오른쪽 구슬은 3개입니다.
3은 2보다 큰 수이므로 3에 ○표 합니다.

5. 왼쪽 구슬은 4개이고 오른쪽 구슬은 2개입니다.
4는 2보다 큰 수이므로 4에 ○표 합니다.

6. 왼쪽 구슬은 5개이고 오른쪽 구슬은 3개입니다.
5는 3보다 큰 수이므로 5에 ○표 합니다.

7. 왼쪽 구슬은 1개이고 오른쪽 구슬은 4개입니다.
4는 1보다 큰 수이므로 4에 ○표 합니다.

8. 왼쪽 구슬은 3개이고 오른쪽 구슬은 4개입니다.
4는 3보다 큰 수이므로 4에 ○표 합니다.

9. 왼쪽 구슬은 1개이고 오른쪽 구슬은 5개입니다.
5는 1보다 큰 수이므로 5에 ○표 합니다.

10. 왼쪽 구슬은 5개이고 오른쪽 구슬은 2개입니다.
5는 2보다 큰 수이므로 5에 ○표 합니다.

11. 왼쪽 구슬은 1개이고 오른쪽 구슬은 2개입니다.
2는 1보다 큰 수이므로 2에 ○표 합니다.

08 세 수의 크기 비교　22~23쪽

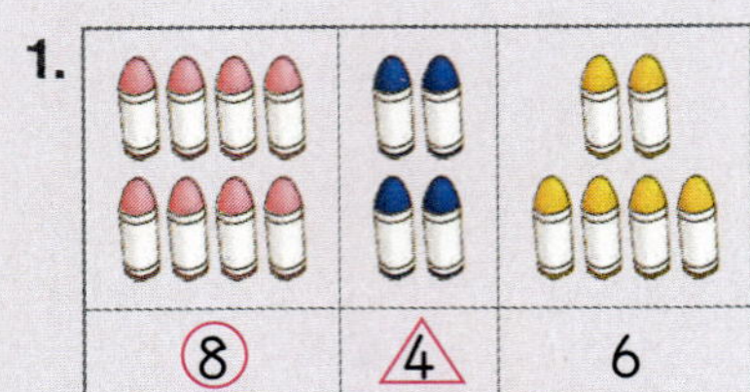

1.

⑧	△4	6

2.

6	△4	⑦

3.

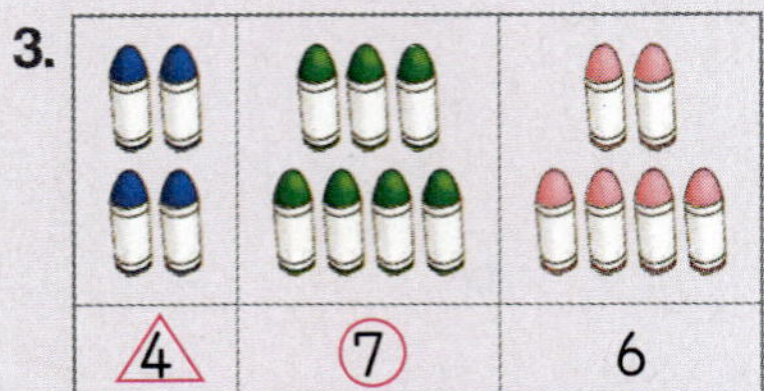

△4	⑦	6

4.

6	△5	⑦

5. 5에 ◯표　6. 4에 ◯표
7. 6에 ◯표　8. 7에 ◯표
9. 9에 ◯표　10. 8에 ◯표
11. 7에 ◯표　12. 6에 ◯표
13. 9에 ◯표

1. 8, 4, 6 중에서 가장 큰 수는 8이고, 가장 작은 수는 4입니다.

2. 6, 4, 7 중에서 가장 큰 수는 7이고, 가장 작은 수는 4입니다.

3. 4, 7, 6 중에서 가장 큰 수는 7이고, 가장 작은 수는 4입니다.

4. 6, 5, 7 중에서 가장 큰 수는 7이고, 가장 작은 수는 5입니다.

5. 2, 5, 0 중에서 가장 큰 수는 5입니다.

6. 1, 4, 2 중에서 가장 큰 수는 4입니다.

7. 4, 3, 6 중에서 가장 큰 수는 6입니다.

8. 2, 7, 5 중에서 가장 큰 수는 7입니다.

9. 3, 7, 9 중에서 가장 큰 수는 9입니다.

10. 6, 8, 3 중에서 가장 큰 수는 8입니다.

11. 7, 4, 5 중에서 가장 큰 수는 7입니다.

12. 6, 4, 2 중에서 가장 큰 수는 6입니다.

13. 6, 9, 8 중에서 가장 큰 수는 9입니다.

09 집중 연산 ❶　24~25쪽

1. 2에 ◯표, 둘에 ◯표
2. 5에 ◯표, 다섯에 ◯표
3. 7에 ◯표, 일곱에 ◯표
4. 9에 ◯표, 아홉에 ◯표

5. 　6. 

7. 　8. 

9. 　10. 

11. 　12. 

13. ② 1　14. 6 ⑦
15. ⑧ 5　16. ④ 3
17. 7 ⑨　18. 5 ⑥
19. ⑧ 4

5. 2, 3, 4로 1씩 커지고 있으므로 6에 ✕표 합니다.

6. 6, 7, 8로 1씩 커지고 있으므로 5에 ✕표 합니다.

7. 4, 5, 6으로 1씩 커지고 있으므로 8에 ✕표 합니다.

8. 7, 8, 9로 1씩 커지고 있으므로 6에 ✕표 합니다.

9. 3, 2, 1로 1씩 작아지고 있으므로 5에 ✕표 합니다.

10. 6, 5, 4로 |씩 작아지고 있으므로 **7**에 ×표 합니다.

11. 9, 8, 7로 |씩 작아지고 있으므로 **6**에 ×표 합니다.

12. 3, 2, |로 |씩 작아지고 있으므로 **4**에 ×표 합니다.

10 집중 연산 ❷   26~27쪽

1. 이에 ◯표   **2.** 사에 ◯표

3. 다섯에 ◯표   **4.** 칠에 ◯표

5. 영에 ◯표   **6.** 여덟에 ◯표

7. 3, 5   **8.** 2, 4

9. 6, 8   **10.** 7, 9

11. 4, 6   **12.** 0, 2

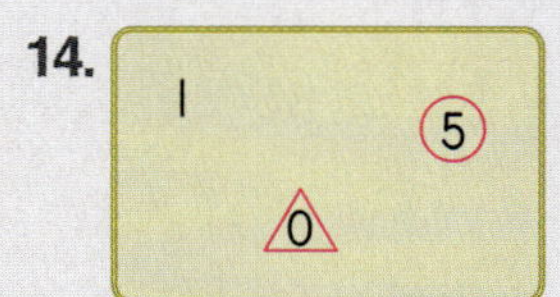

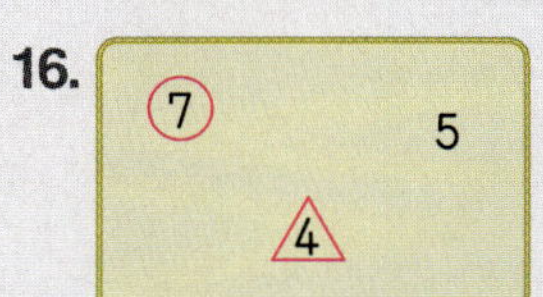

3. 5는 오 또는 다섯이라고 읽습니다.

4. 7은 칠 또는 일곱이라고 읽습니다.

5. 0은 영이라고 읽습니다.

6. 8은 팔 또는 여덟이라고 읽습니다.

7. 4보다 |만큼 더 작은 수는 3이고, |만큼 더 큰 수는 5입니다.

8. 3보다 |만큼 더 작은 수는 2이고, |만큼 더 큰 수는 4입니다.

9. 7보다 |만큼 더 작은 수는 6이고, |만큼 더 큰 수는 8입니다.

10. 8보다 |만큼 더 작은 수는 7이고, |만큼 더 큰 수는 9입니다.

11. 5보다 |만큼 더 작은 수는 4이고, |만큼 더 큰 수는 6입니다.

12. |보다 |만큼 더 작은 수는 0이고, |만큼 더 큰 수는 2입니다.

13. 2, 4, | 중에서 가장 큰 수는 4이고, 가장 작은 수는 |입니다.

14. |, 0, 5 중에서 가장 큰 수는 5이고, 가장 작은 수는 0입니다.

15. 6, 9, 7 중에서 가장 큰 수는 9이고, 가장 작은 수는 6입니다.

16. 7, 4, 5 중에서 가장 큰 수는 7이고, 가장 작은 수는 4입니다.

17. 2, |, 0, 5 중에서 가장 큰 수는 5이고, 가장 작은 수는 0입니다.

18. 4, 9, 3, | 중에서 가장 큰 수는 9이고, 가장 작은 수는 |입니다.

19. 7, 4, 2, 8 중에서 가장 큰 수는 8이고, 가장 작은 수는 2입니다.

20. 7, 4, 2, 0 중에서 가장 큰 수는 7이고, 가장 작은 수는 0입니다.

21. 3, 5, 7, 4 중에서 가장 큰 수는 7이고, 가장 작은 수는 3입니다.

22. 4, 6, |, 2 중에서 가장 큰 수는 6이고, 가장 작은 수는 |입니다.

2 가르기, 모으기

01 9까지의 수 가르기 (1) 30~31쪽

1. l	2. 2, 4
3. 4, 3	4. l, 4
5. ☆	6. ☆☆
7. ☆☆☆☆☆	8. ☆☆☆☆
9. ☆☆☆☆☆	10. ☆☆☆
11. ☆☆☆☆☆☆	12. ☆☆☆☆
13. ☆☆☆	14. ☆☆

5. 3은 2와 l로 가를 수 있습니다.
6. 6은 4와 2로 가를 수 있습니다.
7. 8은 3과 5로 가를 수 있습니다.
8. 9는 5와 4로 가를 수 있습니다.
9. 7은 2와 5로 가를 수 있습니다.
10. 6은 3과 3으로 가를 수 있습니다.
11. 9는 6과 3으로 가를 수 있습니다.
12. 5는 4와 l로 가를 수 있습니다.
13. 8은 3과 5로 가를 수 있습니다.
14. 4는 2와 2로 가를 수 있습니다.

02 9까지의 수 가르기 (2) 32~33쪽

1. l	2. 4	3. 2
4. 4	5. l	6. 3
7. 5	8. l	9. 4

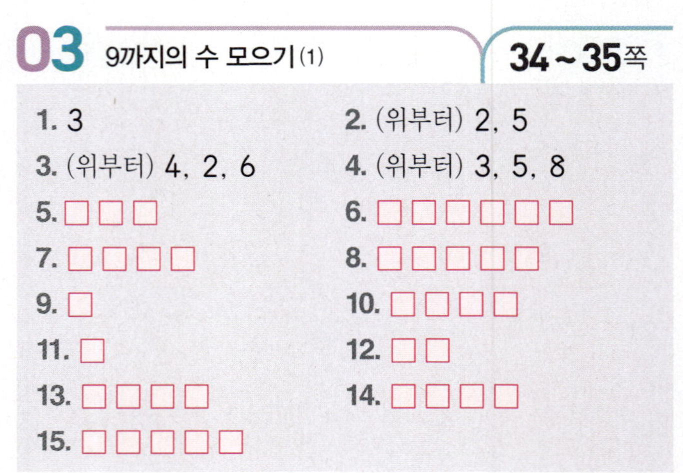

1. 2는 l과 l로 가를 수 있습니다.
2. 6은 2와 4로 가를 수 있습니다.
3. 5는 3과 2로 가를 수 있습니다.
4. 8은 4와 4로 가를 수 있습니다.
5. 3은 2와 l로 가를 수 있습니다.
6. 9는 3과 6으로 가를 수 있습니다.
7. 6은 5와 l로 가를 수 있습니다.
8. 5는 l과 4로 가를 수 있습니다.
9. 7은 4와 3으로 가를 수 있습니다.
10. 3은 l과 2, 7은 3과 4, 5는 2와 3으로 가를 수 있습니다.
11. 8은 4와 4, 9는 6과 3, 4는 3과 l로 가를 수 있습니다.
12. 6은 l과 5, 4는 3과 l, 2는 l과 l로 가를 수 있습니다.
13. 9는 5와 4, 5는 4와 l, 6은 4와 2로 가를 수 있습니다.

03 9까지의 수 모으기 (1) 34~35쪽

1. 3	2. (위부터) 2, 5
3. (위부터) 4, 2, 6	4. (위부터) 3, 5, 8
5. □□□	6. □□□□□
7. □□□□	8. □□□□□
9. □	10. □□□□
11. □	12. □□
13. □□□□	14. □□□□
15. □□□□□	

5. 2와 3을 모으면 5가 되므로 빈칸에 □를 3개 그려 넣습니다.

6. 3과 6을 모으면 9가 되므로 빈칸에 □를 6개 그려 넣습니다.

7. 2와 4를 모으면 6이 되므로 빈칸에 □를 4개 그려 넣습니다.

8. 3과 5를 모으면 8이 되므로 빈칸에 □를 5개 그려 넣습니다.

9. 3과 1을 모으면 4가 되므로 빈칸에 □를 1개 그려 넣습니다.

10. 4와 1을 모으면 5가 되므로 빈칸에 □를 4개 그려 넣습니다.

11. 1과 5를 모으면 6이 되므로 빈칸에 □를 1개 그려 넣습니다.

12. 2와 2를 모으면 4가 되므로 빈칸에 □를 2개 그려 넣습니다.

13. 4와 3을 모으면 7이 되므로 빈칸에 □를 4개 그려 넣습니다.

14. 4와 4를 모으면 8이 되므로 빈칸에 □를 4개 그려 넣습니다.

15. 5와 4를 모으면 9가 되므로 빈칸에 □를 5개 그려 넣습니다.

22. 4와 1을 모으면 5가 됩니다.

23. 3과 4를 모으면 7이 됩니다.

24. 5와 1을 모으면 6이 됩니다.

04 9까지의 수 모으기 ⑵   36~37쪽

1. 4	2. 6	3. 7
4. 8	5. 5	6. 3
7. 9	8. 7	9. 8
10. 5	11. 7	12. 4
13. 6	14. 4	15. 3
16. 7	17. 5	18. 8
19. 9	20. 3	21. 6
22. 5	23. 7	24. 6

05 여러 가지 방법으로 가르기와 모으기   38~39쪽

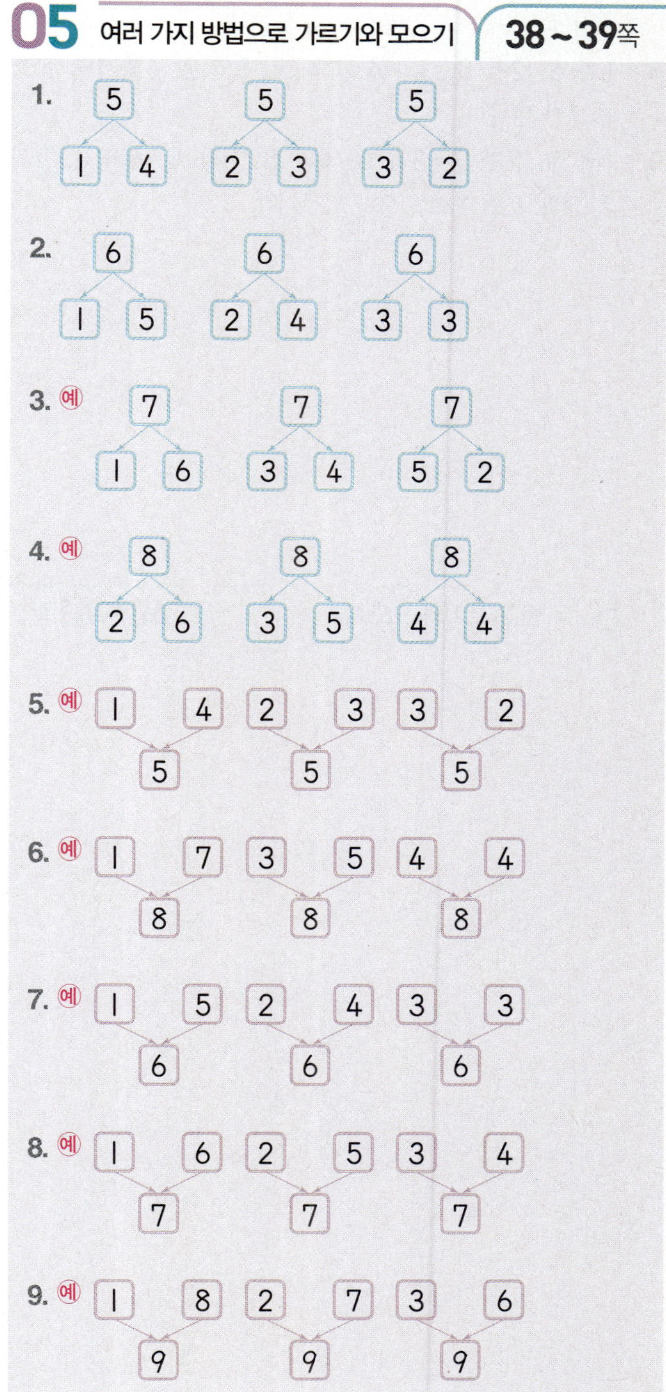

3. 7은 1과 6, 2와 5, 3과 4, 4와 3, 5와 2, 6과 1로 가를 수 있습니다.

4. 8은 1과 7, 2와 6, 3과 5, 4와 4, 5와 3, 6과 2, 7과 1로 가를 수 있습니다.

5. 1과 4, 2와 3, 3과 2, 4와 1을 모으면 5가 됩니다.

6. 1과 7, 2와 6, 3과 5, 4와 4, 5와 3, 6과 2, 7과 1을 모으면 8이 됩니다.

7. 1과 5, 2와 4, 3과 3, 4와 2, 5와 1을 모으면 6이 됩니다.

8. 1과 6, 2와 5, 3과 4, 4와 3, 5와 2, 6과 1을 모으면 7이 됩니다.

9. 1과 8, 2와 7, 3과 6, 4와 5, 5와 4, 6과 3, 7과 2, 8과 1을 모으면 9가 됩니다.

06 두 번 가르기와 모으기   40~41쪽

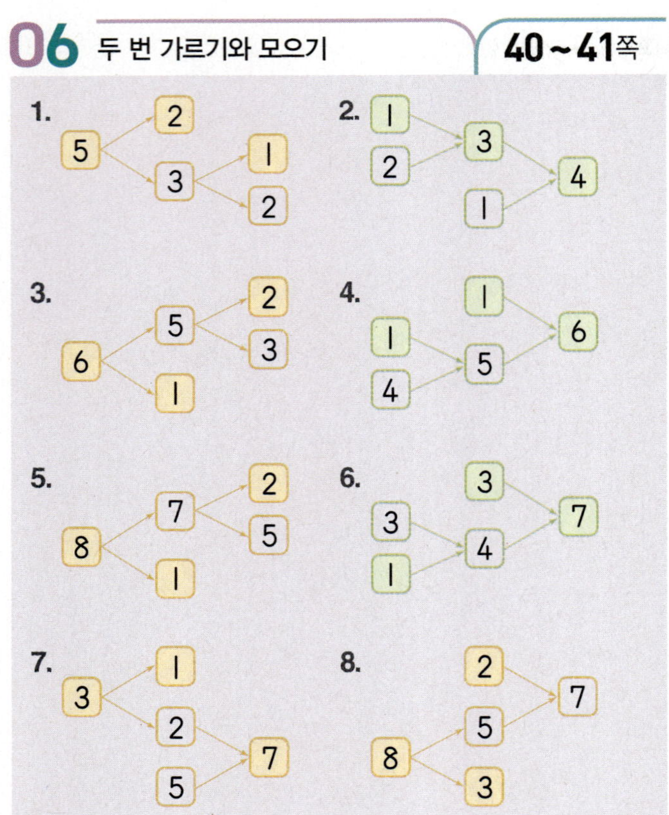

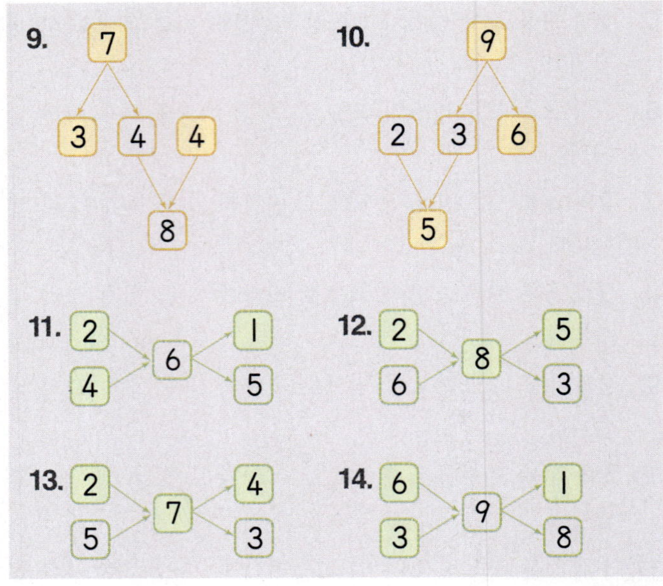

1. 5는 2와 3으로 가를 수 있고, 3은 1과 2로 가를 수 있습니다.

2. 1과 모아서 3이 되는 수는 2이고, 3과 모아서 4가 되는 수는 1입니다.

3. 6은 5와 1로 가를 수 있고, 5는 2와 3으로 가를 수 있습니다.

4. 1과 모아서 6이 되는 수는 5이고, 1과 모아서 5가 되는 수는 4입니다.

5. 8은 7과 1로 가를 수 있고, 7은 2와 5로 가를 수 있습니다.

6. 3과 모아서 7이 되는 수는 4이고, 1과 모아서 4가 되는 수는 3입니다.

7. 3은 1과 2로 가를 수 있고, 2와 모아서 7이 되는 수는 5입니다.

8. 8은 5와 3으로 가를 수 있고, 2와 5를 모으면 7이 됩니다.

9. 7은 3과 4로 가를 수 있고, 4와 4를 모으면 8이 됩니다.

10. 9는 3과 6으로 가를 수 있고, 3과 모아서 5가 되는 수는 2입니다.

11. 2와 4를 모으면 6이 되고, 6은 1과 5로 가를 수 있습니다.

12. 2와 모아서 8이 되는 수는 6이고, 8은 5와 3으로 가를 수 있습니다.

13. 2와 모아서 7이 되는 수는 5이고, 7은 4와 3으로 가를 수 있습니다.

14. 6과 3을 모으면 9가 되고, 9는 1과 8로 가를 수 있습니다.

07 집중 연산 ❶
42~43쪽

1. 2와 3, 3과 2, 4와 1을 모으면 5가 됩니다.
2. 1과 5, 2와 4, 3과 3을 모으면 6이 됩니다.

3. 2와 6, 4와 4, 3과 5를 모으면 8이 됩니다.
4. 8과 1, 4와 5, 6과 3을 모으면 9가 됩니다.
5. 1과 4, 2와 3을 모으면 5가 됩니다.
6. 3과 4를 모으면 7이 됩니다.
7. 2와 7, 5와 4를 모으면 9가 됩니다.
8. 1과 3을 모으면 4가 됩니다.
9. 2와 4, 5와 1을 모으면 6이 됩니다.
10. 6과 2, 7과 1을 모으면 8이 됩니다.
11. 5는 2와 3, 1과 4로 가를 수 있습니다.
12. 6은 2와 4, 3과 3으로 가를 수 있습니다.
13. 7은 1과 6, 4와 3으로 가를 수 있습니다.
14. 8은 5와 3, 7과 1로 가를 수 있습니다.
15. 9는 7과 2, 4와 5로 가를 수 있습니다.

08 집중 연산 ❷
44~45쪽

1. 1	2. 3	3. 5
4. 1	5. 2	6. 4
7. 2	8. 1	9. 3
10. 1	11. 4	12. 3
13. 3	14. 9	15. 7
16. 5	17. 6	18. 8
19. 4	20. 7	21. 8
22. 6	23. 8	24. 9

1. 2는 1과 1로 가를 수 있습니다.
2. 5는 2와 3으로 가를 수 있습니다.
3. 8은 3과 5로 가를 수 있습니다.
4. 3은 2와 1로 가를 수 있습니다.
5. 6은 4와 2로 가를 수 있습니다.
6. 9는 5와 4로 가를 수 있습니다.

13. 2와 |을 모으면 3이 됩니다.
14. 7과 2를 모으면 9가 됩니다.
15. |과 6을 모으면 7이 됩니다.
16. 4와 |을 모으면 5가 됩니다.
17. 3과 3을 모으면 6이 됩니다.
18. 2와 6을 모으면 8이 됩니다.

09 집중 연산 ❸   46~47쪽

1.		**2.** 4	**3.** 3
4. 5	**5.** 2	**6.** 2
7. 2	**8.** 3	**9.** 9
10. 4	**11.** 6	**12.** 5
13. 7	**14.** 8	**15.** 9

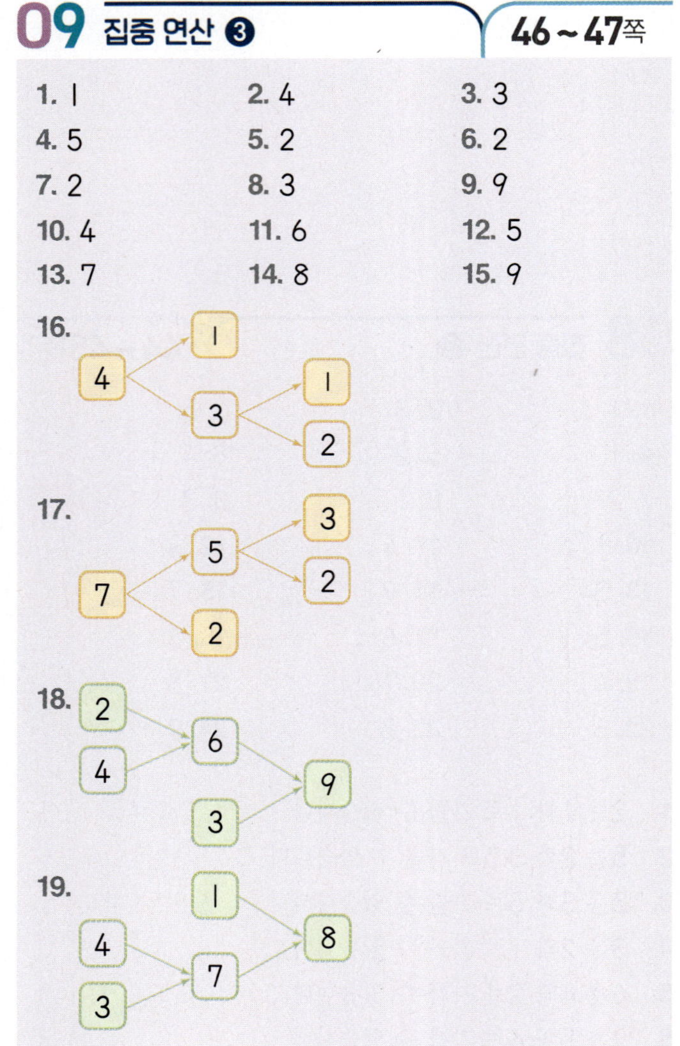

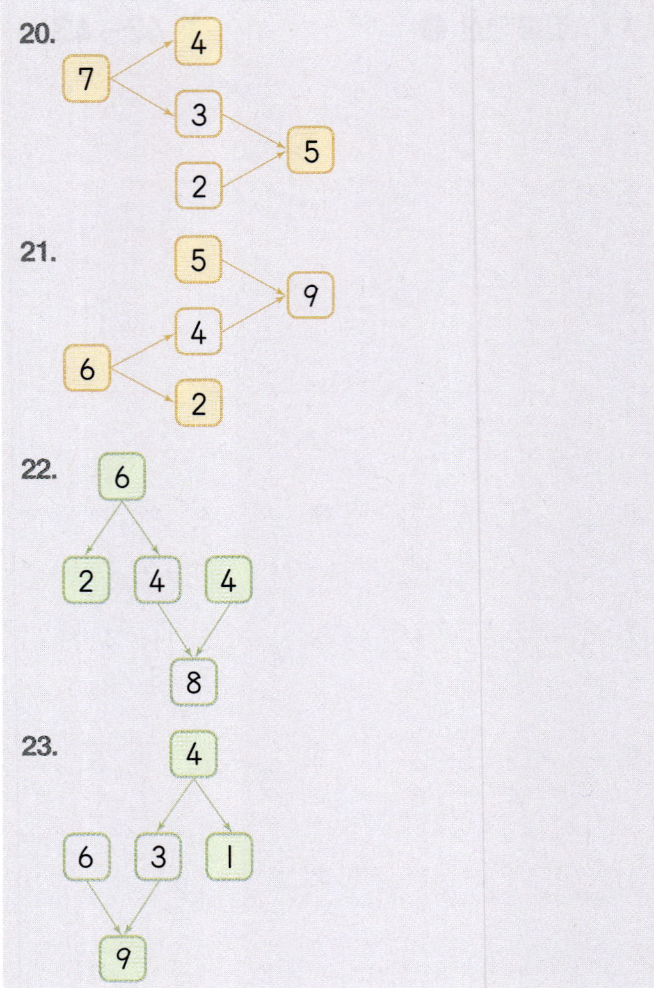

4. 7은 5와 2로 가를 수 있습니다.

5. 8은 2와 6으로 가를 수 있습니다.

6. 9는 7과 2로 가를 수 있습니다.

10. 3과 |을 모으면 4가 됩니다.

11. 4와 2를 모으면 6이 됩니다.

12. 3과 2를 모으면 5가 됩니다.

13. 5와 2를 모으면 7이 됩니다.

14. 3과 5를 모으면 8이 됩니다.

15. 4와 5를 모으면 9가 됩니다.

16. 4는 |과 3으로 가를 수 있고, 3은 |과 2로 가를 수 있습니다.

17. 7은 5와 2로 가를 수 있고, 5는 3과 2로 가를 수 있습니다.

18. 3과 모아서 9가 되는 수는 6이고, 2와 모아서 6이 되는 수는 4입니다.

19. 1과 모아서 8이 되는 수는 7이고, 3과 모아서 7이 되는 수는 4입니다.

20. 7은 4와 3으로 가를 수 있고, 3과 모아서 5가 되는 수는 2입니다.

21. 6은 4와 2로 가를 수 있고, 5와 4를 모으면 9가 됩니다.

22. 6은 2와 4로 가를 수 있고, 4와 4를 모으면 8이 됩니다.

23. 4는 3과 1로 가를 수 있고, 3과 모아서 9가 되는 수는 6입니다.

6. 금붕어 5마리에 2마리를 더하면 모두 7마리가 됩니다.
➡ 5+2=7

8. 거북 1마리에 5마리를 더하면 모두 6마리가 됩니다.
➡ 1+5=6

9. 거북 2마리에 6마리를 더하면 모두 8마리가 됩니다.
➡ 2+6=8

10. 거북 3마리에 5마리를 더하면 모두 8마리가 됩니다.
➡ 3+5=8

12. 걸린 고리 2개와 걸리지 않은 고리 4개를 더하면 모두 6개입니다. ➡ 2+4=6

13. 걸린 고리 3개와 걸리지 않은 고리 2개를 더하면 모두 5개입니다. ➡ 3+2=5

14. 걸린 고리 4개와 걸리지 않은 고리 5개를 더하면 모두 9개입니다. ➡ 4+5=9

3 9까지의 수의 덧셈

01 덧셈식 만들기 — 50~51쪽

1. 1 + 3 = 4   **2.** 2 + 1 = 3

3. 4 + 2 = 6   **4.** 3 + 3 = 6

5. 6 + 1 = 7   **6.** 5 + 2 = 7

7. 2 + 4 = 6   **8.** 1 + 5 = 6

9. 2 + 6 = 8   **10.** 3 + 5 = 8

11. 1 + 7 = 8   **12.** 2 + 4 = 6

13. 3 + 2 = 5   **14.** 4 + 5 = 9

3. 금붕어 4마리에 2마리를 더하면 모두 6마리가 됩니다.
➡ 4+2=6

4. 금붕어 3마리에 3마리를 더하면 모두 6마리가 됩니다.
➡ 3+3=6

5. 금붕어 6마리에 1마리를 더하면 모두 7마리가 됩니다.
➡ 6+1=7

02 1~9까지 수의 덧셈(1) — 52~53쪽

1. 5, 7   **2.** 1, 3   **3.** 7, 7

4. 4, 5   **5.** 9, 8   **6.** 8, 8

7. 7, 7   **8.** 9, 9   **9.** 8, 8

10. 3 + 4 = 7   **11.** 1 + 5 = 6

12. 2 + 7 = 9   **13.** 4 + 5 = 9

14. 3 + 2 = 5   **15.** 1 + 7 = 8

16. 2 + 5 = 7   **17.** 4 + 1 = 5

10. 호랑이 3마리와 하마 4마리를 더하면 모두 7마리입니다.
➡ 3+4=7

11. 사자 1마리와 양 5마리를 더하면 모두 6마리입니다.
➡ 1+5=6

12. 코끼리 2마리와 원숭이 7마리를 더하면 모두 9마리입니다.
➡ 2+7=9

13. 하마 4마리와 양 5마리를 더하면 모두 9마리입니다.
➡ 4+5=9

14. 호랑이 3마리와 코끼리 2마리를 더하면 모두 5마리입니다.
➡ 3+2=5

15. 사자 1마리와 원숭이 7마리를 더하면 모두 8마리입니다.
➡ 1+7=8

16. 코끼리 2마리와 양 5마리를 더하면 모두 7마리입니다.
➡ 2+5=7

17. 하마 4마리와 사자 1마리를 더하면 모두 5마리입니다.
➡ 4+1=5

03 1~9까지 수의 덧셈(2) 54~55쪽

1. 5	2. 7	3. 7
4. 9	5. 6	6. 9
7. 8	8. 3	9. 4
10. 3	11. 7	12. 8

13.
```
   5
 + 2
   7
```
14.
```
   1
 + 6
   7
```
15.
```
   4
 + 1
   5
```
16.
```
   3
 + 5
   8
```
17.
```
   4
 + 5
   9
```
18.
```
   8
 + 1
   9
```
19.
```
   1
 + 7
   8
```
20.
```
   5
 + 3
   8
```

15. 말이 놓인 곳의 수: 4
도미노의 점의 수: 1
➡
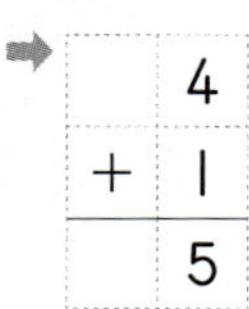
```
   4
 + 1
   5
```

16. 말이 놓인 곳의 수: 3
도미노의 점의 수: 5
➡
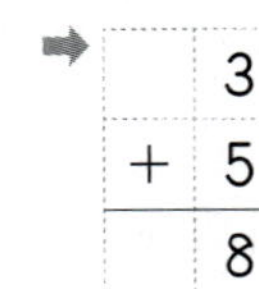
```
   3
 + 5
   8
```

04 1~9까지 수의 덧셈(3) 56~57쪽

1. 5	2. 2, 1, 3
3. 2, 4, 6	4. 5, 2, 7
5. 5, 3, 8	6. 1, 4, 5

7.
```
   0
 + 4
   4
```
8.
```
   7
 + 0
   7
```
9.
```
   7
 + 1
   8
```
10.
```
   3
 + 6
   9
```
11.
```
   3
 + 2
   5
```

혜진

05 덧셈식에서 □ 구하기(1) 58~59쪽

1. 2	2. 2
3. 1	4. 0
5. 3	6. 2
7. 2, 3	8. 1, 3
9. 3, 5	10. 0, 2
11. 7, 5	12. 4, 3
13. 4, 1	

2. 공 2개와 2개를 더하면 4개이므로 주머니 속 공은 2개입니다.

3. 공 5개와 1개를 더하면 6개이므로 주머니 속 공은 1개입니다.

4. 공 2개에 몇 개를 더해서 그대로 2개가 되었으므로 주머니 속 공은 0개입니다.

7. 1과 더해서 3이 되는 수는 2입니다.
0과 더해서 3이 되는 수는 3입니다.

8. 3과 더해서 4가 되는 수는 1입니다.
1과 더해서 4가 되는 수는 3입니다.

9. 2와 더해서 5가 되는 수는 3입니다.
0과 더해서 5가 되는 수는 5입니다.

06 덧셈식에서 □ 구하기 (2) 60~61쪽

1. 4	**2.** 3
3. 1	**4.** 5
5. 1	**6.** 4
7. 3	**8.** 2
9. 5	**10.** 3
11. 2	**12.** 1
13. 0	**14.** 5

1. 사탕 4개와 2개를 더하면 6개이므로 통에 들어 있는 사탕은 4개입니다.

2. 사탕 3개와 1개를 더하면 4개이므로 통에 들어 있는 사탕은 3개입니다.

07 집중 연산 ❶ 62~63쪽

11. 3, 2, 5 ; 2, 3, 5

12. 5, 4, 9 ; 4, 5, 9

13. 6, 1, 7 ; 1, 6, 7

1. $3+1=4$, $2+0=2$, $3+0=3$, $1+1=2$

2. $1+2=3$, $2+3=5$, $1+3=4$, $3+2=5$

3. $3+2=5$, $3+1=4$, $3+1=4$, $2+2=4$

4. $2+1=3$, $5+0=5$, $2+0=2$, $4+1=5$

5. $1+3=4$, $2+4=6$, $1+4=5$, $3+3=6$

6. $5+2=7$, $2+3=5$

7. $2+7=9$, $7+0=7$

8. $1+1=2$, $1+8=9$

9. $4+3=7$, $3+6=9$

10. $1+5=6$, $5+3=8$

08 집중 연산 ❷   64~65쪽

1. 4	2. 2	3. 7
4. 8	5. 9	6. 7
7. 3	8. 7	9. 9
10. 9	11. 8	12. 4
13. 6	14. 8	15. 5
16. 7	17. 6	18. 6
19. 7	20. 9	21. 4
22. 8	23. 5	24. 4
25. 8	26. 5	27. 9
28. 3	29. 8	30. 9

12. 2와 더해서 4가 되는 수는 2입니다.
   4와 더해서 4가 되는 수는 0입니다.

16. 1을 더해서 4가 되는 수는 3입니다.
   0을 더해서 4가 되는 수는 4입니다.

17. 3을 더해서 5가 되는 수는 2입니다.
   5를 더해서 5가 되는 수는 0입니다.

18. 1을 더해서 6이 되는 수는 5입니다.
   4를 더해서 6이 되는 수는 2입니다.

25. 0과 더해서 3이 되는 수는 3입니다.
   1과 더해서 3이 되는 수는 2입니다.

26. 2와 더해서 5가 되는 수는 3입니다.
   4와 더해서 5가 되는 수는 1입니다.

27. 3과 더해서 8이 되는 수는 5입니다.
   6과 더해서 8이 되는 수는 2입니다.

09 집중 연산 ❸   66~67쪽

1. 1, 3	2. 7, 2	3. 1, 2
4. 9, 4	5. 1, 4	6. 5, 4
7. 0, 3	8. 7, 0	9. 1, 2
10. 2, 1	11. 4, 2	12. 2, 0
13. 3, 8	14. 1, 8	15. 6, 2
16. 3, 4	17. 2, 0	18. 5, 2
19. 4, 3	20. 1, 6	21. 5, 7
22. 6, 3	23. 6, 1	24. 5, 3
25. 3, 2	26. 3, 1	27. 5, 2
28. 5, 2	29. 3, 4	30. 0, 6

1. 4를 더해서 5가 되는 수는 1입니다.
   2를 더해서 5가 되는 수는 3입니다.

2. 1을 더해서 8이 되는 수는 7입니다.
   6을 더해서 8이 되는 수는 2입니다.

3. 3을 더해서 4가 되는 수는 1입니다.
   2를 더해서 4가 되는 수는 2입니다.

10. 0과 더해서 2가 되는 수는 2입니다.
   1과 더해서 2가 되는 수는 1입니다.

11. 3과 더해서 7이 되는 수는 4입니다.
   5와 더해서 7이 되는 수는 2입니다.

4 9까지의 수의 뺄셈

01 뺄셈식 만들기   70~71쪽

1. $5 - 2 = 3$		2. $7 - 4 = 3$
3. $6 - 1 = 5$		4. $6 - 2 = 4$
5. $7 - 2 = 5$		6. $6 - 4 = 2$
7. $4 - 2 = 2$		8. $5 - 5 = 0$
9. $3 - 2 = 1$		10. $4 - 1 = 3$
11. $6 - 0 = 6$		12. $8 - 3 = 5$
13. $9 - 6 = 3$		14. $7 - 4 = 3$

2. 바나나 7개 중에서 4개를 먹으면 3개가 남습니다.
  ➡ $7-4=3$

3. 바나나 6개 중에서 1개를 먹으면 5개가 남습니다.
  ➡ $6-1=5$

4. 바나나 6개 중에서 2개를 먹으면 4개가 남습니다.
  ➡ $6-2=4$

8. 도토리 5개 중에서 5개를 먹으면 0개가 남습니다.
➡ $5-5=0$

9. 도토리 3개 중에서 2개를 먹으면 1개가 남습니다.
➡ $3-2=1$

10. 도토리 4개 중에서 1개를 먹으면 3개가 남습니다.
➡ $4-1=3$

16. 머리핀은 9개, 토끼 인형은 3개이므로 머리핀은 토끼 인형보다 6개 더 많습니다. ➡ $9-3=6$

17. 장난감 자동차는 4개, 가방은 1개이므로 장난감 자동차는 가방보다 3개 더 많습니다. ➡ $4-1=3$

02 1~9까지 수의 뺄셈(1)　　72~73쪽

1. 3, 0	2. 2, 5	3. 6, 3
4. 2, 1	5. 1, 0	6. 4, 9
7. 0, 6	8. 1, 3	9. 4, 0

10. $7-1=6$	11. $5-3=2$
12. $4-3=1$	13. $9-5=4$
14. $7-5=2$	15. $5-1=4$
16. $9-3=6$	17. $4-1=3$

10. 축구공은 7개, 가방은 1개이므로 축구공은 가방보다 6개 더 많습니다. ➡ $7-1=6$

11. 필통은 5개, 토끼 인형은 3개이므로 필통은 토끼 인형보다 2개 더 많습니다. ➡ $5-3=2$

12. 장난감 자동차는 4개, 토끼 인형은 3개이므로 장난감 자동차는 토끼 인형보다 1개 더 많습니다. ➡ $4-3=1$

13. 머리핀은 9개, 필통은 5개이므로 머리핀은 필통보다 4개 더 많습니다. ➡ $9-5=4$

14. 축구공은 7개, 필통은 5개이므로 축구공은 필통보다 2개 더 많습니다. ➡ $7-5=2$

15. 필통은 5개, 가방은 1개이므로 필통은 가방보다 4개 더 많습니다. ➡ $5-1=4$

03 1~9까지 수의 뺄셈(2)　　74~75쪽

1. 4	2. 2	3. 8
4. 3	5. 1	6. 2
7. 6	8. 1	9. 4
10. 6	11. 0	12. 1
13. 2 ; ○, ×, ○, ×		
14. 3 ; ○, ○, ×, ○		
15. 4 ; ○, ○, ○, ○		

13. $7-4=3$, $5-0=5$
14. $4-1=3$

04 뺄셈식에서 □ 구하기(1)　　76~77쪽

1. 5	2. 7
3. 5	4. 7
5. 9	6. 8
7. 8	8. 8
9. 4	10. 9
11. 5	12. 9
13. 6	

5. 달걀 몇 개에서 1개를 사용해서 8개가 남았으므로 처음에 있던 달걀은 9개입니다.

6. 달걀 몇 개에서 4개를 사용해서 4개가 남았으므로 처음에 있던 달걀은 8개입니다.

10. 주머니에서 구슬 7개를 꺼내서 2개가 남았으므로 처음 주머니에 있던 구슬은 9개입니다.

11. 주머니에서 구슬 4개를 꺼내서 1개가 남았으므로 처음 주머니에 있던 구슬은 5개입니다.

12. 주머니에서 구슬 4개를 꺼내서 5개가 남았으므로 처음 주머니에 있던 구슬은 9개입니다.

13. 주머니에서 구슬 1개를 꺼내서 5개가 남았으므로 처음 주머니에 있던 구슬은 6개입니다.

05 뺄셈식에서 □ 구하기 (2) **78~79**쪽

1. 5	2. 2
3. 3	4. 3
5. 1	6. 4
7. 5	8. 0
9. 3	10. 5
11. 1	12. 1
13. 2	

5. 초콜릿 5개 중에서 4개가 남았으므로 먹은 초콜릿은 1개입니다.

6. 초콜릿 9개 중에서 5개가 남았으므로 먹은 초콜릿은 4개입니다.

10. 구슬 8개에서 3개가 남았으므로 덜어낸 구슬은 5개입니다.

11. 구슬 4개에서 3개가 남았으므로 덜어낸 구슬은 1개입니다.

12. 구슬 5개에서 4개가 남았으므로 덜어낸 구슬은 1개입니다.

13. 구슬 2개에서 0개가 남았으므로 덜어낸 구슬은 2개입니다.

06 집중 연산 ❶ **80~81**쪽

1. 0, 2   2. 4, 2
3. 2, 6   4. 1, 0

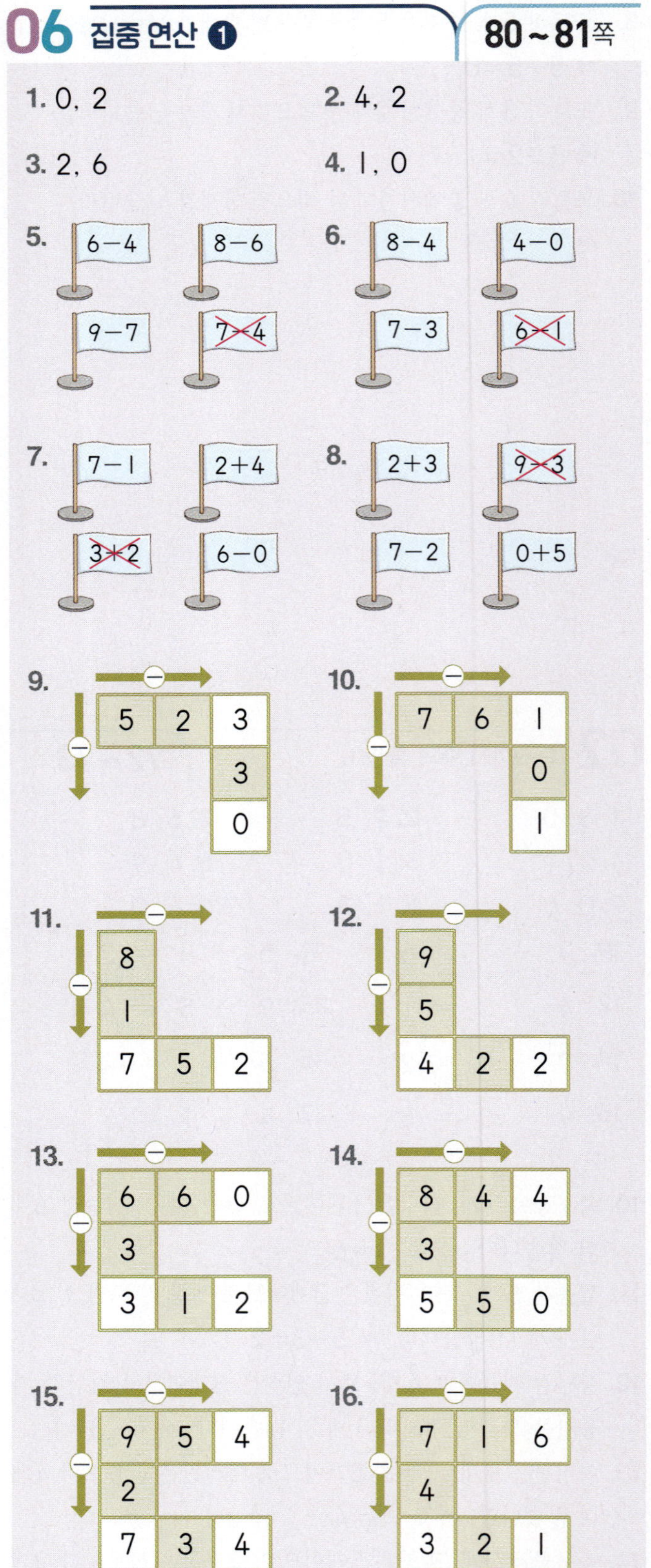

5. 6−4=2, 8−6=2, 9−7=2, 7−4=**3**

6. 8−4=4, 4−0=4, 7−3=4, 6−1=**5**

7. 7−1=6, 2+4=6, 3+2= 5 , 6−0=6

8. 2+3=5, 9−3= 6 , 7−2=5, 0+5=5

9. 5−2=3, 3−3=0

10. 7−6=1, 1−0=1

11. 8−1=7, 7−5=2

12. 9−5=4, 4−2=2

13. 6−6=0, 6−3=3, 3−1=2

14. 8−4=4, 8−3=5, 5−5=0

15. 9−5=4, 9−2=7, 7−3=4

16. 7−1=6, 7−4=3, 3−2=1

1. 2를 빼서 4가 되는 수는 6입니다.
   5를 빼서 4가 되는 수는 9입니다.

2. 3을 빼서 0이 되는 수는 3입니다.
   6을 빼서 0이 되는 수는 6입니다.

3. 0을 빼서 8이 되는 수는 8입니다.
   1을 빼서 8이 되는 수는 9입니다.

16. 5를 빼서 2가 되는 수는 7입니다.
   7을 빼서 2가 되는 수는 9입니다.

17. 3을 빼서 4가 되는 수는 7입니다.
   4를 빼서 4가 되는 수는 8입니다.

18. 2를 빼서 6이 되는 수는 8입니다.
   3을 빼서 6이 되는 수는 9입니다.

07 집중 연산 ❷   82~83쪽

1. 4	2. 4	3. 0
4. 0	5. 1	6. 7
7. 0	8. 2	9. 6
10. 1	11. 5	12. 8
13. 1	14. 0	15. 1
16. 2	17. 3	18. 1
19. 1	20. 9	21. 2
22. 2	23. 3	24. 3
25. 5	26. 3	27. 5
28. 4	29. 1	30. 0

08 집중 연산 ❸   84~85쪽

1. 6, 9	2. 3, 6	3. 8, 9
4. 6, 5	5. 6, 3	6. 8, 6
7. 7, 6	8. 7, 6	9. 7, 8
10. 1, 7	11. 2, 2	12. 1, 4
13. 4, 6	14. 0, 2	15. 1, 2
16. 7, 9	17. 7, 8	18. 8, 9
19. 2, 5	20. 5, 9	21. 8, 5
22. 7, 9	23. 8, 2	24. 9, 8
25. 1, 2	26. 3, 0	27. 1, 3
28. 8, 7	29. 3, 0	30. 3, 1

5 덧셈과 뺄셈의 관계

01 덧셈식을 보고 뺄셈식 만들기 (1)   88~89쪽

1. 4, 4	2. 6, 6
3. 8, 8, 5	4. 7, 7, 5
5. 7, 7, 3	6. 5, 5, 1
7. 9, 9, 7	8. 9, 9, 6
9. 2	10. 4
11. 5, 4	12. 3, 5
13. 2, 6	14. 8, 1

1. ■+●=▲ ➡ ▲−■=●

02 덧셈식을 보고 뺄셈식 만들기 (2)   90~91쪽

1. 5, 5	2. 6, 6
3. 7, 7, 3	4. 8, 8, 5
5. 7, 7, 5	6. 9, 9, 5
7. 8, 8, 1	8. 9, 9, 3
9. 6	10. 4
11. 3, 5	12. 1, 7
13. 2, 3	14. 2, 5

03 덧셈식을 보고 뺄셈식 만들기⑶ — 92~93쪽

1. $2+4=6$ → $6-2=4$, $6-4=2$
2. $5+2=7$ → $7-5=2$, $7-2=5$
3. $1+7=8$ → $8-1=7$, $8-7=1$
4. $7+2=9$ → $9-7=2$, $9-2=7$
5. $3+4=7$ → $7-3=4$, $7-4=3$
6. $8+1=9$ → $9-8=1$, $9-1=8$
7. $6+3=9$ → $9-6=3$, $9-3=6$
8. $5+3=8$ → $8-5=3$, $8-3=5$
9. $3+2=5$ → $5-3=2$, $5-2=3$
10. $4+3=7$ → $7-4=3$, $7-3=4$
11. $3+5=8$ → $8-3=5$, $8-5=3$
12. $4+1=5$ → $5-4=1$, $5-1=4$
13. $1+3=4$ → $4-1=3$, $4-3=1$
14. $2+1=3$ → $3-2=1$, $3-1=2$

04 뺄셈식을 보고 덧셈식 만들기⑴ — 94~95쪽

1. 3, 4
2. 2, 6
3. 1, 1, 6
4. 2, 2, 7
5. 6, 6, 8
6. 6, 6, 9
7. 3, 3, 8
8. 4, 4, 7
9. 1
10. 5
11. 1, 5
12. 3, 7
13. 2, 9
14. 3, 8

05 뺄셈식을 보고 덧셈식 만들기⑵ — 96~97쪽

1. 4, 4
2. 2, 2
3. 5, 5, 8
4. 8, 8, 9
5. 3, 3, 7
6. 1, 1, 5
7. 5, 5, 6
8. 6, 6, 8
9. (○)
10. (×)
11. (×)
12. (×)
13. (○)
14. (○)
15. (×)
16. (○)
17. (×)

세종대왕

10. $7-3=4$ → $4+3=7$, $3+4=7$
11. $9-6=3$ → $3+6=9$, $6+3=9$
12. $7-6=1$ → $1+6=7$, $6+1=7$
15. $5-3=2$ → $2+3=5$, $3+2=5$
17. $8-6=2$ → $2+6=8$, $6+2=8$

06 뺄셈식을 보고 덧셈식 만들기⑶ — 98~99쪽

1. $6-1=5$ → $5+1=6$, $1+5=6$
2. $7-3=4$ → $4+3=7$, $3+4=7$

3.
$8-2=\boxed{6}$
$\boxed{6}+2=8$
$\boxed{2}+6=8$

4.
$5-4=\boxed{1}$
$\boxed{1}+4=5$
$\boxed{4}+1=5$

5.
$7-5=\boxed{2}$
$2+\boxed{5}=7$
$5+\boxed{2}=7$

6.
$6-2=\boxed{4}$
$4+\boxed{2}=6$
$2+\boxed{4}=6$

7.
$9-4=\boxed{5}$
$5+\boxed{4}=9$
$4+\boxed{5}=9$

8.
$9-3=\boxed{6}$
$6+\boxed{3}=9$
$3+\boxed{6}=9$

9.
$4-3=\boxed{1}$
$1+\boxed{3}=4$
$\boxed{3}+\boxed{1}=4$

10.
$3-1=\boxed{2}$
$\boxed{2}+1=\boxed{3}$
$\boxed{1}+2=\boxed{3}$

11.
$5-1=\boxed{4}$
$\boxed{4}+1=5$
$1+\boxed{4}=5$

12.
$4-0=\boxed{4}$
$4+\boxed{0}=4$
$\boxed{0}+4=4$

13.
$6-4=\boxed{2}$
$\boxed{2}+4=6$
$4+\boxed{2}=6$

14.
$7-4=\boxed{3}$
$3+\boxed{4}=7$
$\boxed{4}+3=7$

15.
$7-2=\boxed{5}$
$5+\boxed{2}=\boxed{7}$
$\boxed{2}+5=7$

16.
$8-5=\boxed{3}$
$\boxed{3}+5=\boxed{8}$
$5+\boxed{3}=\boxed{8}$

07 집중 연산 ❶　　100~101쪽

1. $3+2=5$, $2+3=5$, $5-3=2$, $5-2=3$
2. $7+2=9$, $2+7=9$, $9-7=2$, $9-2=7$
3. $4+3=7$, $3+4=7$, $7-4=3$, $7-3=4$
4. $6+2=8$, $2+6=8$, $8-6=2$, $8-2=6$
5. $6+3=9$, $3+6=9$, $9-6=3$, $9-3=6$
6. $3+5=8$, $5+3=8$, $8-5=3$, $8-3=5$
7. $3+4=7$, $4+3=7$, $7-4=3$, $7-3=4$
8. $2+4=6$, $4+2=6$, $6-4=2$, $6-2=4$
9. $4+5=9$, $5+4=9$, $9-5=4$, $9-4=5$
10. $1+2=3$, $2+1=3$, $3-1=2$, $3-2=1$
11. $1+3=4$, $3+1=4$, $4-1=3$, $4-3=1$
12. $2+3=5$, $3+2=5$, $5-2=3$, $5-3=2$

08 집중 연산 ❷　　102~103쪽

1.
$3+4=7$
$7-4=\boxed{3}$
$7-\boxed{3}=\boxed{4}$

2.
$2+7=9$
$9-7=\boxed{2}$
$9-\boxed{2}=\boxed{7}$

3.
$3+1=4$
$4-1=\boxed{3}$
$4-\boxed{3}=\boxed{1}$

4.
$1+8=9$
$9-8=\boxed{1}$
$9-\boxed{1}=\boxed{8}$

5.
$5+3=8$
$8-3=\boxed{5}$
$8-\boxed{5}=\boxed{3}$

6.
$4+5=9$
$9-5=\boxed{4}$
$9-\boxed{4}=\boxed{5}$

7.
$3-2=1$
$1+2=\boxed{3}$
$2+1=\boxed{3}$

8.
$7-5=2$
$2+\boxed{5}=7$
$\boxed{5}+2=7$

9.
$9-6=3$
$3+6=\boxed{9}$
$\boxed{6}+3=9$

10.
$8-5=3$
$3+\boxed{5}=8$
$\boxed{5}+3=8$

11.
$5-1=4$
$4+1=\boxed{5}$
$\boxed{1}+4=5$

12.
$6-4=2$
$2+4=\boxed{6}$
$\boxed{4}+2=6$

13. $1+7=8$, $7+1=8$, $8-7=1$, $8-1=7$
14. $3+6=9$, $6+3=9$, $9-6=3$, $9-3=6$
15. $2+7=9$, $7+2=9$, $9-7=2$, $9-2=7$
16. $1+5=6$, $5+1=6$, $6-5=1$, $6-1=5$
17. $2+4=6$, $4+2=6$, $6-4=2$, $6-2=4$

6 세 수의 덧셈, 뺄셈

01 더하고 더하기 **106 ~ 107**쪽

1. $3+2+1=6$
2. $4+1+2=7$
3. $2+3+1=6$
4. $3+1+3=7$
5. $5+2+2=9$

6. $2+4+2=8$
7. $1+2+3=6$
8. $3+1+1=5$
9. $1+2+1=4$
10. $3+3+3=9$
11. $5+1+2=8$
12. $2+3+2=7$
13. $2+3+3=8$
14. $3+2+4=9$

02 빼고 빼기 **108 ~ 109**쪽

1. 3   **2.** 1
3. 3   **4.** 1
5. 1   **6.** 3
7. 3   **8.** 3

9. 예 , 2

10. 예 , 1

11. 예 , 5

12. , 0

13. 예 , 2

14. , 0

03 더하고 빼기   110~111쪽

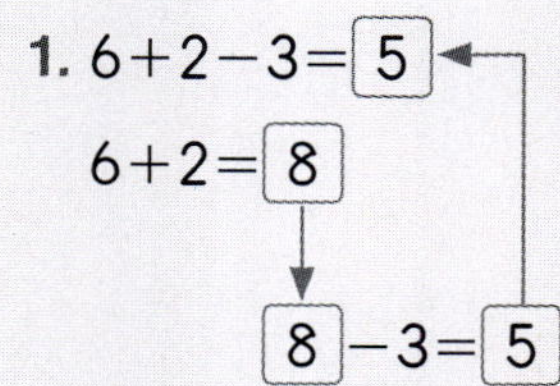

1. $6+2-3=\boxed{5}$
$6+2=\boxed{8}$
$\boxed{8}-3=\boxed{5}$

2. $5+3-4=\boxed{4}$
$5+3=\boxed{8}$
$\boxed{8}-4=\boxed{4}$

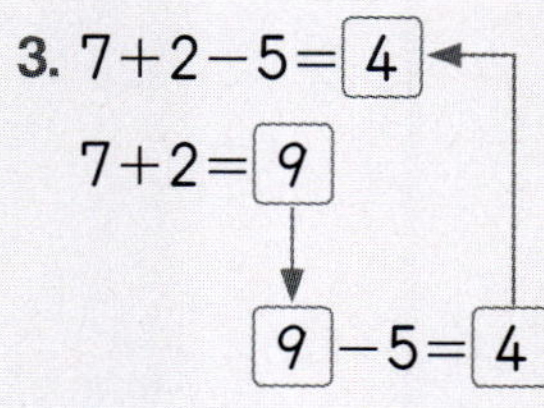

3. $7+2-5=\boxed{4}$
$7+2=\boxed{9}$
$\boxed{9}-5=\boxed{4}$

4. $8+1-3=\boxed{6}$
$8+1=\boxed{9}$
$\boxed{9}-3=\boxed{6}$

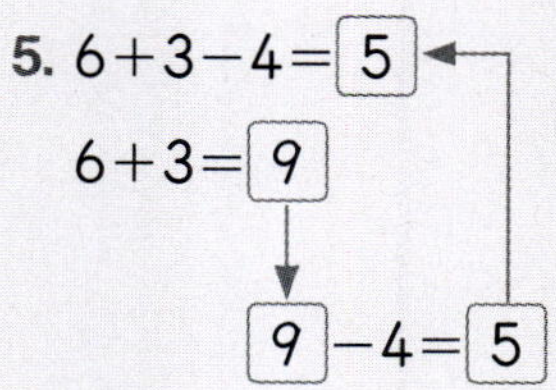

5. $6+3-4=\boxed{5}$
$6+3=\boxed{9}$
$\boxed{9}-4=\boxed{5}$

6. $5+4-6=\boxed{3}$
$5+4=\boxed{9}$
$\boxed{9}-6=\boxed{3}$

7. 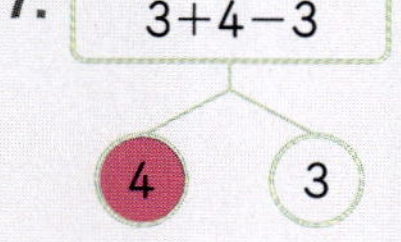 $3+4-3$ → 4

8. 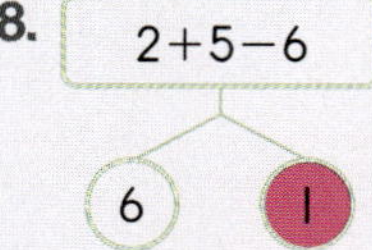 $2+5-6$ → 1

9. 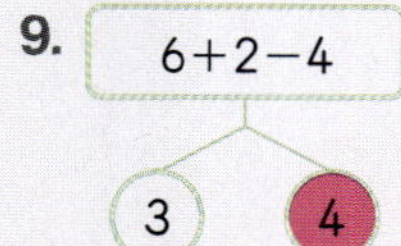 $6+2-4$ → 4

10. 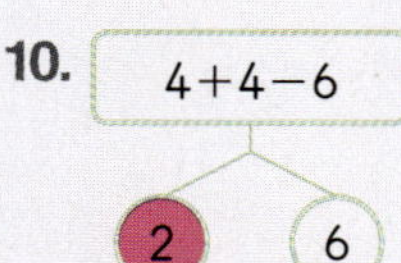 $4+4-6$ → 2

11. 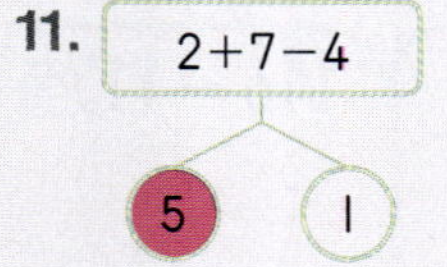 $2+7-4$ → 5

12. 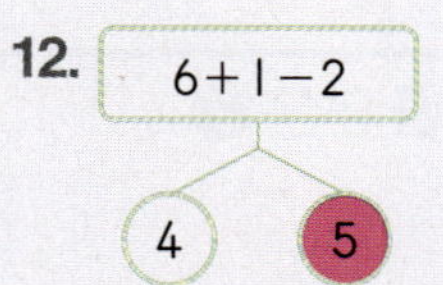 $6+1-2$ → 5

13. 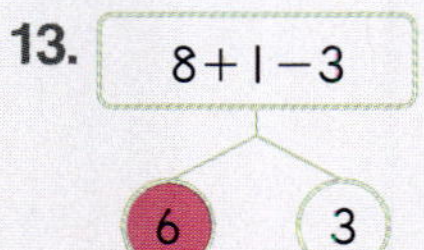 $8+1-3$ → 6

14. 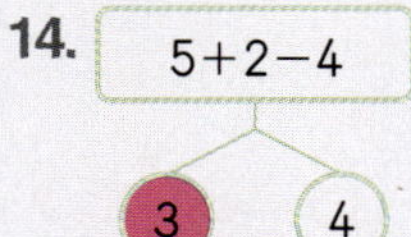 $5+2-4$ → 3

15. $7+1-6$ → 2

16. 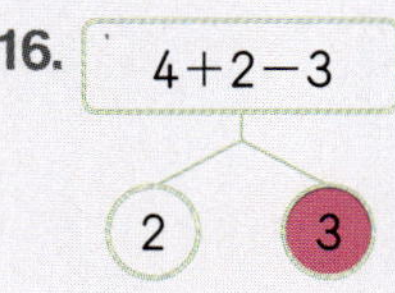 $4+2-3$ → 3

---

13. $8+1-3=9-3=6$
14. $5+2-4=7-4=3$
15. $7+1-6=8-6=2$
16. $4+2-3=6-3=3$

04 빼고 더하기   112~113쪽

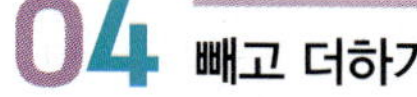
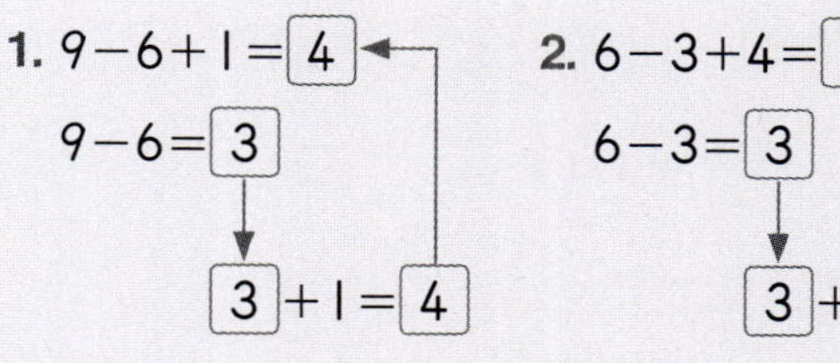

1. $9-6+1=\boxed{4}$
$9-6=\boxed{3}$
$\boxed{3}+1=\boxed{4}$

2. $6-3+4=\boxed{7}$
$6-3=\boxed{3}$
$\boxed{3}+4=\boxed{7}$

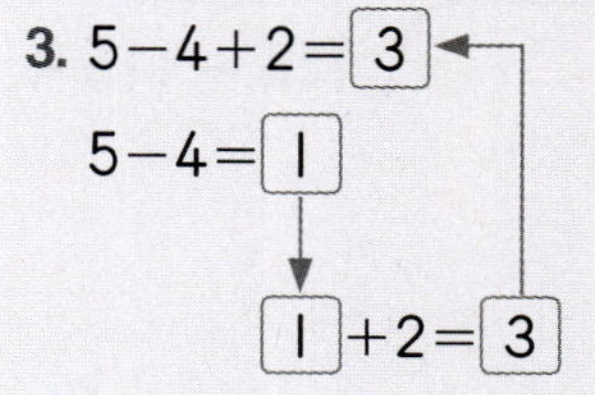
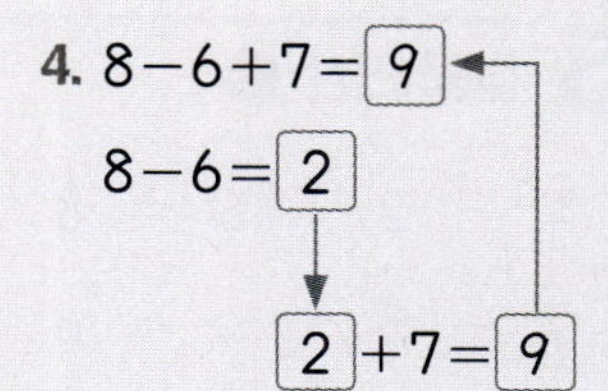

3. $5-4+2=\boxed{3}$
$5-4=\boxed{1}$
$\boxed{1}+2=\boxed{3}$

4. $8-6+7=\boxed{9}$
$8-6=\boxed{2}$
$\boxed{2}+7=\boxed{9}$

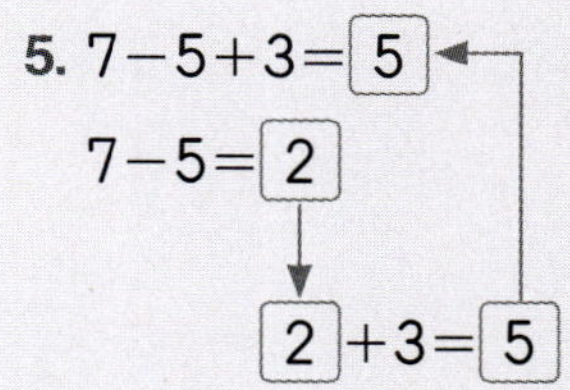
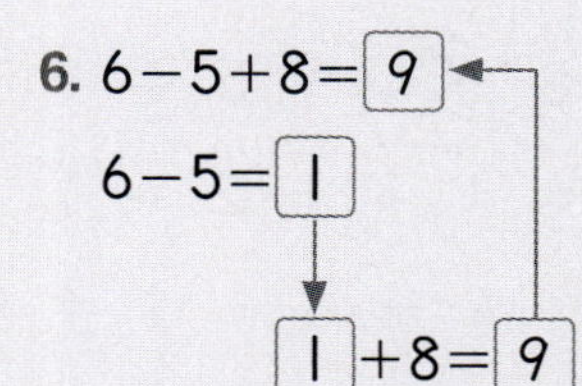

5. $7-5+3=\boxed{5}$
$7-5=\boxed{2}$
$\boxed{2}+3=\boxed{5}$

6. $6-5+8=\boxed{9}$
$6-5=\boxed{1}$
$\boxed{1}+8=\boxed{9}$

7.

7. $5-1+3=4+3=7$, $9-7+5=2+5=7$,
$6-5+1=1+1=2$, $4-3+5=1+5=6$,
$6-4+7=2+7=9$, $5-2+6=3+6=9$,
$4-2+6=2+6=8$, $6-5+7=1+7=8$,
$7-5+6=2+6=8$

1. $4-2+6=2+6=8$
2. $7-5+4=2+4=6$
3. $9-6+3=3+3=6$
4. $8-4+5=4+5=9$
5. $4+1+2=5+2=7$
6. $4+3+2=7+2=9$
7. $1+5+2=6+2=8$
8. $1+3+2=4+2=6$
9. $4-2-1=2-1=1$
10. $9-3-2=6-2=4$
11. $5-4-1=1-1=0$
12. $5-3-2=2-2=0$
13. $6-2-1=4-1=3$
14. $7-4-2=3-2=1$
15. $5-1-1=4-1=3$
16. $6-2-2=4-2=2$
17. $7-3-1=4-1=3$
18. $8-7-1=1-1=0$

05 집중 연산 ❶　114~115쪽

1. $4-2+6=8$
2. $7-5+4=6$
3. $9-6+3=6$
4. $8-4+5=9$
5. $4+1+2=7$
6. 예 $4+3+2=9$
7. 예 $1+5+2=8$
8. 예 $1+3+2=6$
9. $4-2-1=1$
10. $9-3-2=4$
11. $5-4-1=0$
12. $5-3-2=0$
13. $6-2-1=3$
14. $7-4-2=1$
15. $5-1-1=3$
16. $6-2-2=2$
17. $7-3-1=3$
18. $8-7-1=0$

06 집중 연산 ❷　116~117쪽

1. 8	2. 9
3. 1	4. 4
5. 8	6. 3
7. 7	8. 7
9. 4	10. 6
11. 8	12. 1
13. 4	14. 8
15. 9	16. 3
17. 5	18. 6
19. 5	20. 6

1. $1+3+4=4+4=8$

2. $2+6+1=8+1=9$

3. $8-5-2=3-2=1$

4. $9-3-2=6-2=4$

5. $5+2+1=7+1=8$

6. $8-4-1=4-1=3$

7. $3+5-1=8-1=7$

8. $9-6+4=3+4=7$

9. $2+5-3=7-3=4$

10. $8-7+5=1+5=6$

11. $4+2+2=6+2=8$

12. $2+5-6=7-6=1$

13. $8-3-1=5-1=4$

14. $5-4+7=1+7=8$

15. $2+2+5=4+5=9$

16. $8-2-3=6-3=3$

17. $9-7+3=2+3=5$

18. $4+1+1=5+1=6$

19. $3+6-4=9-4=5$

20. $2+5-1=7-1=6$

07 집중 연산 ❸ 118~119쪽

1. 4, 7	2. 5, 8
3. 3, 0	4. 5, 2
5. 9, 7	6. 3, 1
7. 7, 5	8. 7, 7
9. 5, 5	10. 9, 4
11. 7, 5	12. 9, 4
13. 4, 1	14. 6, 9
15. 5, 5	16. 1, 8
17. 6, 1	18. 3, 1
19. 3, 2	20. 4, 3

1. $2+1+1=3+1=4$
$3+2+2=5+2=7$

2. $2+2+1=4+1=5$
$3+3+2=6+2=8$

3. $6-2-1=4-1=3$
$5-2-3=3-3=0$

4. $9-3-1=6-1=5$
$7-3-2=4-2=2$

5. $4+2+3=6+3=9$
$4+1+2=5+2=7$

6. $7-1-3=6-3=3$
$8-3-4=5-4=1$

11. $5-1+3=4+3=7$
$8-5+2=3+2=5$

12. $8-2+3=6+3=9$
$7-4+1=3+1=4$

13. $8-2-2=6-2=4$
$9-4-4=5-4=1$

14. $1+2+3=3+3=6$
$2+3+4=5+4=9$

15. $7-6+4=1+4=5$
$6-5+4=1+4=5$

16. $7-5-1=2-1=1$
$3+1+4=4+4=8$

17. $4+5-3=9-3=6$
$6+2-7=8-7=1$

18. $5+2-4=7-4=3$
$6+3-8=9-8=1$

19. $7+1-5=8-5=3$
$4+5-7=9-7=2$

20. $1+6-3=7-3=4$
$5+4-6=9-6=3$

MEMO

똑똑한 하루 시/리/즈

배우는 즐거움! 쌓이는 기초 실력!

과목	교재 구성	과목	교재 구성
하루 독해	예비초~6학년 각 A·B (14권)	하루 VOCA	3~6학년 각 A·B (8권)
하루 어휘	예비초~6학년 각 A·B (14권)	하루 Grammar	3~6학년 각 A·B (8권)
하루 글쓰기	예비초~6학년 각 A·B (14권)	하루 Reading	3~6학년 각 A·B (8권)
하루 한자	예비초: 예비초 A·B (2권) 1~6학년: 1A~4C (12권)	하루 Phonics	Starter A·B / 1A~3B (8권)
하루 수학	1~6학년 1·2학기 (12권)	하루 봄·여름·가을·겨울	1~2학년 각 2권 (8권)
하루 계산	예비초~6학년 각 A·B (14권)	하루 사회	3~6학년 1·2학기 (8권)
하루 도형	예비초 A·B, 1~6학년 6단계 (8권)	하루 과학	3~6학년 1·2학기 (8권)
하루 사고력	1~6학년 각 A·B (12권)	하루 안전	1~2학년 (2권)

정답은
이안에
있어 !